W0328293

KÖNIGS ERLÄUTERUNGEN

Band 293

Textanalyse und Interpretation zu

Bertolt Brecht

LEBEN DES GALILEI

Wilhelm Große

Alle erforderlichen Infos für Abitur, Matura, Klausur und Referat
plus Musteraufgaben mit Lösungsansätzen

Bange Verlag

Zitierte Ausgabe:
Brecht, Bertolt: *Leben des Galilei.* Frankfurt am Main: Suhrkamp Verlag, 2009 (edition suhrkamp Nr 1).

Über den Autor dieser Erläuterung:
Dr. Wilhelm Große: Studium der Germanistik, Philosophie und Pädagogik an der Ruhr-Universität Bochum; Tätigkeit im Schuldienst, in der Lehrerausbildung und -fortbildung; Lehrbeauftragter an der Trierer Universität im Bereich Literaturdidaktik; zahlreiche Publikationen zur deutschsprachigen Literatur vom 18. bis zum 20. Jahrhundert; literaturdidaktische Beiträge

Das Werk und seine Teile sind urheberrechtlich geschützt. Jede Verwertung in anderen als den gesetzlich zugelassenen Fällen bedarf der vorherigen schriftlichen Einwilligung des Verlages.
Hinweis zu § 52 a UrhG: Die öffentliche Zugänglichmachung eines für den Unterrichtsgebrauch an Schulen bestimmten Werkes ist stets nur mit Einwilligung des Berechtigten zulässig.

Hinweis:
Die Rechtschreibung wurde der amtlichen Neuregelung angepasst.
Zitate von Bertolt Brecht müssen auf Grund eines Einspruches in der alten Rechtschreibung beibehalten werden.

4. Auflage 2015
ISBN 978-3-8044-1905-6
PDF: 978-3-8044-5905-2, EPUB: 978-3-8044-6905-1
© 2002, 2010 by C. Bange Verlag, 96142 Hollfeld
Alle Rechte vorbehalten!
Titelbild: Inszenierung am National Theatre in London 2006, © ullstein bild – Lebrecht Music & Arts Photo Library
Druck und Weiterverarbeitung: Tiskárna Akcent, Vimperk

1. DAS WICHTIGSTE AUF EINEN BLICK – SCHNELLÜBERSICHT

Damit sich jeder Leser in unserem Band rasch zurechtfindet und das für ihn Interessante gleich entdeckt, hier eine Übersicht.

Im 2. Kapitel werden die wichtigsten Daten zu **Brechts Biografie**, dem **zeitgeschichtlichen Hintergrund** und **seinem Werk** angeführt:

⇨ S. 11 ff.

- Brecht wird 1898 in **Augsburg** geboren, studiert in München Medizin, dort findet auch die Aufführung seines zweiten Stückes *Trommeln in der Nacht* statt.
- Brecht erhält 1922 den Kleist-Preis, ist Dramaturg an den Münchener Kammerspielen.
- Er siedelt 1924 nach **Berlin** über; dort 1928 sein großer Erfolg mit der *Dreigroschenoper*.
- 1933 Ergreifung der Macht durch die Nationalsozialisten; Brechts erster Plan, den Prozess des Galilei zu dramatisieren.
- Brecht flüchtet nach Dänemark, dann über Schweden, Finnland, Moskau nach Santa Monica in Kalifornien/USA (1941).
- Im **Exil** schreibt Brecht den ***Galilei*** (Abschluss der ersten Niederschrift: 1938), es folgen mehrere Umarbeitungen.
- **1943 Uraufführung in der Schweiz**, nach den Atombombenabwürfen auf Hiroshima und Nagasaki arbeitet er das Stück erneut um, 1945 Fertigstellung der ‚amerikanischen' Fassung.
- 1947 kehrt Brecht über die Schweiz nach Europa zurück, Übersiedlung nach Berlin (Ost).
- 1949 dort **Gründung des Berliner Ensembles**; 1956 stirbt Brecht.

Im 3. Kapitel bieten wir eine Textanalyse und -interpretation.

Leben des Galilei – Entstehung und Quellen:

Zunächst bieten wir einige Selbstaussagen Brechts, u. a. aus seinem *Arbeitsjournal*, in denen Brecht die **verschiedenen Fassungen**, die er seinem Stück gab, reflektiert. ⇨ S. 19 ff.

In drei Fassungen interpretiert er den Physiker sehr unterschiedlich: in der ersten Fassung, wie sie 1943 in Zürich uraufgeführt wird, lässt Brecht Galilei als einen Meister der Anpassung triumphieren, dem alle Mittel zum Zweck dienen. In zwei späteren Bearbeitungen – 1945/47 in den USA entstanden und 1954/56 für das Berliner Ensemble weiter umgeformt – verwirft Galilei den Widerruf als soziales Verbrechen.

Inhalt:

In den **fünfzehn Bildern** werden **die Lebensstationen Galileo Galileis** zwischen 1609 und 1637 von Padua über Florenz und Rom bis zum Lebensende in Florenz abgeschritten. Galilei lehrt im Dienst der Republik Venedig Mathematik an der Universität Padua. Die finanzielle Not und die schlechten Arbeitsbedingungen kontrastieren mit dem Bewusstsein, dass **eine neue Zeit** angebrochen ist, denn wo der Glaube tausend Jahre gesessen hat, eben da sitzt jetzt der Zweifel. Um freie Zeit für die Forschung zu gewinnen, wechselt Galilei an den Hof von Florenz. Er hat bereits die Entdeckung der Jupitermonde und ihrer dem Ptolemäischen System widersprechenden Bewegungen gemacht. Er findet bei den autoritätsgläubigen Gelehrten kein Gehör. **Das Collegium Vaticanum bestätigt schließlich seine Entdeckungen, gleichwohl wird seine Lehre auf den Index gesetzt.** Der resignierende Galilei zieht sich mit seinen Schülern Andrea Sarti und dem kleinen Mönch auf ⇨ S. 22 ff.

harmlosere Forschungsfelder zurück. Auf die Nachricht, der naturwissenschaftlich gebildete Kardinal Barberini sei zum neuen Papst Urban VIII. gewählt worden, hofft Galilei auf den Durchbruch seiner Lehre und setzt die verbotene Arbeit fort. **Die Lehren Galileis finden öffentlichen Widerhall**, Balladensänger nehmen sich des Themas an. Galilei wird wieder vor die Inquisition bestellt und **widerruft unter Androhung der Folter am 22.6.1633 seine Lehre von der Bewegung der Erde**. Von 1633 bis 1642 lebt Galilei, inzwischen fast blind, in einem Landhaus bei Florenz als Gefangener der Inquisition und beendet, sich äußerlich anpassend, seine *Discorsi.* Andrea Sarti, sein ehemaliger Schüler, besucht ihn auf dem Weg nach Holland, wo er in Freiheit forschen kann. Galilei übergibt ihm die heimlich angefertigte Kopie seiner *Discorsi,* mit denen er 1637 Italien verlässt.

Chronologie und Schauplätze:

➪ S. 37 ff.

Das Drama ist in 15 bzw. 14 Bilder (Aufführung des Berliner Ensembles und amerikanische Aufführung) gegliedert, die die **Stationen von Galileis Leben** behandeln.

Die zeitlichen Intervalle zwischen den einzelnen Bildern sind ganz unterschiedlich. Die Räume wechseln. Das Stück gehört demnach zur Bauform des offenen Dramas.

Die Spielorte der einzelnen Bilder wechseln beständig: Zu Beginn befindet sich Galilei in Padua (1/3), dann in Venedig (2), in Florenz (Haus und Studierzimmer des Galilei in Florenz 4/5), in Rom (Collegium Romanum, 6), (Haus des Kardinals Bellarmin, 7), (im Palast des Florentinischen Gesandten in Rom, 8), dann in Galileis Haus in Florenz (9), auf dem Marktplatz (10), im Palast der Medici in Florenz (11), im Gemach des Vatikan (12), im Haus des

Florentinischen Gesandten in Rom (13) und schließlich in Galileis Haus in der Nähe von Florenz (14). Die letzte Szene (15) spielt in einer kleinen italienischen Grenzstadt.

Zeitlich kann man die Szenen wie folgt zuordnen:

1609–1610	Universität Padua (1.–3. Bild)
	Hof von Florenz (4.–5. Bild)
1616	Vatikan (6.–8. Bild)
1624	neuer Papst (9. Bild)
1632	Lehren Galileis finden Widerhall im Volk (10. Bild)
1633	Galilei vor der Inquisition, Widerruf (11.–13. Bild)
1633–1642	Landhaus in Florenz (14.–15. Bild)

Personen:

Im Mittelpunkt fast jeden Bildes steht **Galilei** selbst, alle anderen Personen sind ihm funktional zugeordnet, vor allem: ⇨ S. 45 ff.

Virginia → seine Tochter ⇨ S. 58 ff.

Andrea, Federzoni und der kleine Mönch → seine Schüler bzw. Mitarbeiter ⇨ S. 51 ff., 55 f., 63 ff.

Frau Sarti → seine Haushälterin, zugleich Andreas Mutter ⇨ S. 57 f.

Ludovico Marsili → der Verlobte seiner Tochter ⇨ S. 60 f.

Kardinal Barberini → der spätere Papst Urban VIII., Vertreter der Kirche ⇨ S. 61.

Kardinal Inquisitor → Vertreter der Kirche

Vertreter der Universitäten Padua und Pisa
Vertreter des Hofes in Venedig

Wir stellen diese Personen in einem eigenen Kapitel ausführlich vor.

Der Stil und die Sprache Brechts:

⇨ S. 66 ff.
→ Brecht lässt Galilei sich an die Sprache der *Discorsi* halten.
→ Galilei wählt teilweise einen sehr volkstümlichen Ton.
→ Im Stück befinden sich viele sprachliche Leitmotive, v. a. aus dem Bereich des Sehens, womit auch das ‚Sehen' des Zuschauers indirekt angesprochen wird.

Unterschiedliche Interpretationsansätze bieten sich an:

⇨ S. 84 f.
→ Galileis Desinteresse an der Gesellschaft ist ein Verbrechen
⇨ S. 86 f.
→ Brechts eigene Interpretation angesichts der Atombombe
⇨ S. 89 ff.
→ Brechts Äußerungen zur Frage nach dem Verhältnis von Wissenschaft und Gesellschaft

2. BERTOLT BRECHT: LEBEN UND WERK

2.1 Biografie

Bertolt Brecht
1898–1956
© Cinetext/
Henschel Theater-Archiv

JAHR	ORT	EREIGNIS	ALTER
1898	Augsburg	geboren am 10. Febr. als Sohn eines Direktors der Haidlschen Papierfabriken	
1916	Augsburg	pazifistischer Schulaufsatz, deshalb Androhung des Schulverweises	18
1917	Augsburg	Abitur	19
	München	Beginn des Medizinstudiums	
1918	Augsburg	Sanitätssoldat in einem Lazarett	20
1922	München	Uraufführung von *Trommeln in der Nacht* an den Münchener Kammerspielen; Verleihung des Kleist-Preises	24
1923	München	Dramaturg an den Münchener Kammerspielen	25
1924	Berlin	Übersiedlung von München nach Berlin; Dramaturg am Deutschen Theater bei Max Reinhardt	26
1926	Darmstadt	Uraufführung von *Mann ist Mann*	28
1927		Mitarbeit an der Dramatisierung von Hašeks *Schwejk* für die Piscator-Bühne	29
1928	Berlin	Uraufführung der *Dreigroschenoper* am Schiffbauerdamm-Theater	30
1929		Heirat mit Helene Weigel	31
1930	Leipzig	Uraufführung der Oper *Aufstieg und Fall der Stadt Mahagonny* in Leipzig; *Die heilige Johanna der Schlachthöfe*	32

JAHR	ORT	EREIGNIS	ALTER
1932	Berlin	Uraufführung von *Die Mutter* (nach dem Roman von Maxim Gorki) in Berlin	34
1933	Dänemark	28. Febr. nach dem Machtantritt der Nationalsozialisten in Deutschland flieht Brecht mit der Familie über mehrere Stationen nach Dänemark; Wohnsitz bei Svendborg auf Fünen	35
1934		*Dreigroschenroman*	36
1935		Aberkennung der deutschen Staatsbürgerschaft durch die Nazis	37
1936		mit Lion Feuchtwanger und Willi Bredel Herausgeber der in Moskau erscheinenden Literaturzeitschrift *Das Wort* (erscheint bis 1939)	38
1937		*Die Gewehre der Frau Carrar*	39
1938		*Furcht und Elend des Dritten Reiches*; erste Arbeit an der *Mutter Courage*	40
1939	Schweden	Übersiedlung nach Schweden; Niederschrift der *Mutter Courage und ihre Kinder*	41
1940	Finnland	Aufenthalt in Finnland	42
1941		*Der aufhaltsame Aufstieg des Arturo Ui*; Flucht aus Finnland über Moskau, Wladiwostok nach Santa Monica in Kalifornien/USA; Uraufführung der *Mutter Courage* im Zürcher Schauspielhaus	43
1943	Zürich	*Schweyk im Zweiten Weltkrieg;* Uraufführung von *Der gute Mensch von Sezuan* und ***Leben des Galilei*** im Zürcher Schauspielhaus	45
1945		*Der kaukasische Kreidekreis*	47
1947	USA und Schweiz	Verhör vor dem McCarthy-Ausschuss für ‚unamerikanische Aktivitäten' in Washington; Rückkehr nach Europa; vorläufiger Aufenthalt in der Schweiz	49

JAHR	ORT	EREIGNIS	ALTER
1948	Berlin	Übersiedlung nach Berlin (Ost)	50
1949	Berlin	September: Gründung des Berliner Ensembles	51
1950		Erwerb der österreichischen Staatsbürgerschaft; Wohnsitz in der DDR; Mitglied der Deutschen Akademie der Künste in Berlin (Ost)	52
1951		Brecht erhält den DDR-Nationalpreis 1. Klasse	53
1954	Berlin	März: Eröffnung des Theaters am Schiffbauerdamm als eigenem, endgültigem Sitz des Berliner Ensembles; Juli: das Berliner Ensemble erhält den 1. Preis beim Théâtre des Nations in Paris	56
1955	Moskau	Reise nach Moskau zur Entgegennahme des Internationalen Stalin-Friedenspreises	57
1956	Berlin	14. August: Tod nach Herzinfarkt; Begräbnis auf dem Dorotheen-Friedhof in Berlin (Ost)	58

2.2 Zeitgeschichtlicher Hintergrund

ZUSAMMENFASSUNG

Brechts erste Stücke tragen noch Züge des expressionistischen Dramas. Bekannt wird der Stückeschreiber Brecht vor allem durch die *Dreigroschenoper*. Es folgen dramatische Experimente mit den sog. ‚Lehrstücken'. Zu den Stücken, die im Exil entstanden, gehören das Schauspiel *Mutter Courage und ihre Kinder* (1939) neben *Leben des Galilei* (1. Fassung 1938/39), *Der gute Mensch von Sezuan* (1939–41), *Herr Puntila und sein Knecht Matti* (1940) und *Der kaukasische Kreidekreis* (1944).

Dramatischer Erstling: *Baal*

Expressionistisches Heimkehrerdrama: *Trommeln in der Nacht*

Satirisches Spektakel: *Die Dreigroschenoper*

„Bereits im dramatischen Erstling *Baal* gelang Brecht in der Figur des Bohemiens und Vagabunden die Gestaltung eines Menschentypus: Baal ist der ‚Lebensverbraucher', der sich und andere Menschen rigoros ‚auslebt'. Als Nihilist weist er alle metaphysische Beruhigung von sich. […] Auch das zweite Stück *Trommeln in der Nacht* stellt eine Herausforderung an die bürgerliche Gesellschaft seiner Zeit dar. In der Form des expressionistischen Heimkehrerdramas entwirft Brecht ein kritisches Bild des Bürgertums, das das Kriegsende und die (verratene proletarische) Revolution von 1918/19 dazu benutzt, seine Pfründe erneut zu sichern. […] In *Mann ist Mann* konfrontierte Brecht seine Zeit mit dem von ihr geschaffenen Typus des auswechselbaren Individuums. […] Als Gegenentwurf zu John Gays *Beggar's Opera* entstand 1928 das satirische Spektakel *Die Dreigroschenoper* mit der Musik von Kurt Weill. Sie zeigt die bürgerliche Gesellschaft als ausbeuterisches Raubsystem, das sich hinter der Maske der Wohlanständigkeit versteckt. […]

Ende der 20er Jahre entwickelte Brecht eine neue Dramenform, die er [...] dem kulinarischen Schautheater der Zeit entgegensetzte: das sog. Lehrstück (*Flug des Lindberghs*; *Badener Lehrstück vom Einverständnis*; *Der Jasager*; *Der Jasager und der Neinsager*; *Die Maßnahme*; *Die Ausnahme und die Regel*). [...] Brecht wollte mit den Stücken die gewohnte Konsumentenhaltung des Zuschauers aufbrechen. [...] Als erstes marxistisches Stück gilt *Die heilige Johanna der Schlachthöfe*. Es basiert auf alten Plänen, die Hintergründe der kapitalistischen Ökonomie und der Vorgänge an der Börse dramatisch zu veranschaulichen. [...] Gleichzeitig entwickelte Brecht mit der Oper *Aufstieg und Fall der Stadt Mahagonny* seine Theorie des ‚epischen Theaters' [...] Im marxistischen Stück *Die Mutter*, einer Dramatisierung des Romans von Maxim Gorki, realisierte Brecht seine Theorie erstmals konsequent. [...] Brechts große Stücke entstanden während des Exils, weitgehend ohne Kontakt zum Theater. *Mit dem Leben des Galilei* kehrte Brecht mit der Form der dramatischen Biografie teilweise zur aristotelischen Dramatik zurück."[1]

Neue Dramenform: *Das Lehrstück*

Theorie des epischen Theaters

---

1 Jan Knopf: *Bertolt Brecht*. In: Walter Killy: Literaturlexikon. Bd. 2, Gütersloh/München 1989, S. 181–183.

2.3 Angaben und Erläuterungen zu wesentlichen Werken

ZUSAMMEN-FASSUNG

Im Exil schreibt Brecht den *Galilei*, es folgen mehrere Umarbeitungen.

1938	Abschluss der ersten Niederschrift
1943	Uraufführung in der Schweiz, nach den Atombombenabwürfen auf Hiroshima und Nagasaki erneute Umarbeitung
1945	Fertigstellung der ‚amerikanischen' Fassung
1954/56	für das Berliner Ensemble weiter umgeformt

Die verschiedenen Fassungen des *Galilei*

1933	erster Plan, den Prozess des Galilei für ein Panoptikum-Theater zu dramatisieren
1938	Brecht studiert Materialien zu Galilei, zur kopernikanischen Lehre, zum Weltbild der Physik, zur Astronomie
April 1938	die Szene ‚Physiker' aus *Furcht und Elend des Dritten Reiches*
23.11.1938	Abschluss der ersten Niederschrift des *Galilei*, der zunächst noch den Titel trug: „Die Erde bewegt sich"
Nov. 1938 bis März 1939	mehrfache Umarbeitung des Stückes
9.9.1943	Uraufführung von *Leben des Galilei* am Schauspielhaus Zürich

Dez. 1944 bis Febr. 1945	Arbeit an der Übersetzung des *Galilei* mit Charles Laugthon für eine ins Auge gefasste amerikanische Aufführung
August 1945	nach den Atombombenabwürfen auf Hiroshima und Nagasaki erneute Umarbeitung des Stücks
1.12.1945	Fertigstellung der neuen (amerikanischen) Fassung des Stücks in englischer Sprache
30.7.1947	Aufführung des *Galileo* mit Charles Laughton in der Titelrolle am Coronet Theatre in Beverly Hills (Regie: Joseph Losey)
1953/54	Übersetzung der amerikanischen Fassung ins Deutsche und Ergänzung des Schauspiels für die Drucklegung
1955	Publikation in den *Versuche 19*, Heft 14
16.4.1955	erste deutsche Aufführung an den Bühnen der Stadt Köln
14.11.1955 bis 27.3.1956	Brecht leitet die Proben für die Aufführung des Stücks am Berliner Ensemble
15.1.1957	Aufführung am Berliner Ensemble unter der Regie von Erich Engel, der nach Brechts Tod die Arbeit am Stück übernommen hatte.

Unterschied zw. den Fassungen: Akzentuierung von Galileis Verbrechen

Erste Fassung des *Galilei*

„Der maßgebliche Unterschied zwischen der ersten (dänische Fassung 38/39, uraufgeführt in Zürich 43) und der endgültigen Fassung (55, bei den Proben für Brechts Berliner Theater entstanden) liegt in der Akzentuierung von Galileis Verbrechen. In der ersten Fassung widerruft er aus List, um sich die Gelegenheit zu schaffen, an seinem Werk weiterarbeiten und es vollenden zu können. Wenn auch der Widerruf im Grunde mitbestimmt ist durch die Angst vor dem Tode, so wird er von Brecht doch keineswegs als Verrat an den Wissenschaften und der Menschheit gewertet. Überhaupt wollte Brecht in der ersten Fassung hauptsächlich zeigen, wie es möglich ist, in Zeiten, in denen die Wahrheit verboten ist und verfolgt wird, dennoch die Wahrheit zu sagen. Galilei sollte als der listige Dialektiker vorgestellt werden, der seine Ziele allen Gewalten zum Trotz nach Maximen verfolgt, die Brecht in seiner Schrift *Fünf Schwierigkeiten beim Schreiben der Wahrheit* programmatisch formuliert hat. Die Neudeutung des Widerrufs und, daraus folgend, die Verurteilung Galileis als Lump, Verräter und Verbrecher in der zweiten und der endgültigen Fassung erfolgte aus dem aktuellen Anlass des Atomangriffs auf Hiroshima am Ende des Zweiten Weltkrieges. In seiner Vorrede zur amerikanischen Fassung schreibt Brecht über diesen Zusammenhang: ‚Das ‚atomarische Zeitalter' machte sein Debüt in Hiroshima in der Mitte unserer Arbeit. Von heute auf morgen las sich die Biographie des Begründers der neuen Physik anders. Der infernalische Effekt der Großen Bombe stellte den Konflikt des Galilei mit der Obrigkeit seiner Zeit in ein neues, schärferes Licht. Verschärft wurde diese Neudeutung in der Berliner Fassung durch die drohende aktuelle Gefahr eines neuen H- und Kobalt-Bomben-Weltkrieges.'"[2]

Zweite Fassung des *Galilei*: Neudeutung des Widerrufs

Konflikt des Galilei in neuem Licht

2 Jendreiek, Helmut: *Bertolt Brecht. Drama der Veränderung*, Düsseldorf 1969, S. 248 f.

3. TEXTANALYSE UND -INTERPRETATION

3.1 Entstehung und Quellen

ZUSAMMEN-FASSUNG

Während der Entstehung entdeckt Brecht, dass „der entscheidende Unterschied zwischen dem ‚reinen Fortschritt einer Wissenschaft' und ihrem sozialrevolutionären Fortschritt" ein wichtiges Thema sei, das es im Drama herauszuarbeiten gilt.

Schon am 23.11.38 notiert sich Brecht bezüglich der letzten Szene des *Galilei*:

Schwierigkeit der letzten Szene

> „die einzigen schwierigkeiten bereitete die letzte szene, [...] ich brauchte am schluß einen kunstgriff, um auf jeden fall dem zuschauer den nötigen abstand zu sichern, selbst der unbedenklich sich einfühlende muß zumindest jetzt, auf dem weg der einfühlung selber in den galilei, den v-effekt verspüren. Bei streng epischer darstellung kommt eine einfühlung erlaubter art zustande."[3]

Nachdem Brecht erfahren hat, dass der Regisseur-Produzent Jed Harris sich für die amerikanische Version des *Galilei* interessiert gezeigt hat, „prüft er", wie er seinem ‚Arbeitsjournal' anvertraut,

> „die moral, die mich immer leise beunruhigt hat; gerade weil ich hier der geschichte zu folgen versuchte und keine moralischen interessen hatte, ergibt sich eine moral, und ich bin nicht glück-

3 zit. nach: *Brechts ‚Leben des Galilei'*, hrsg. v. Werner Hecht, suhrkamp taschenbuch materialien, S. 35.

lich damit. g[alilei] kann dem aussprechen der wahrheit so wenig widerstehen wie dem verschlingen eines lockenden gerichts, es ist ihm ein sinnlicher genuß. und er baut seine persönlichkeit so leidenschaftlich und weise auf wie sein weltbild. eigentlich fällt er zweimal. das erste mal, wenn er der lebensgefahr wegen die wahrheit verschweigt oder widerruft, das zweite mal, wenn er sie trotz der lebensgefahr wieder sucht und verbreitet. seine produktion zerstört ihn. nun höre ich mit unwillen, ich hätte es für richtig gehalten, daß er öffentlich widerrufen hat, um insgeheim seine arbeit fortsetzen zu können. das ist zu flach und zu billig. g[alilei] zerstörte schließlich nicht nur sich als person, sondern auch den wertvollsten teil seiner wissenschaftlichen arbeit. die kirche (dh die obrigkeit) verteidigte die bibellehre ausschließlich, um sich, ihre autorität, ihre möglichkeit zu unterdrücken und auszubeuten, zu verteidigen. das volk interessierte sich für g[alileis] gestirnlehre ausschließlich, weil es unter der herrschaft der kirche litt. g[alilei] gab den eigentlichen fortschritt preis, als er widerrief, er ließ das volk im stich, die astronomie wurde wieder ein fach, domäne der gelehrten, unpolitisch, isoliert, die kirche trennte diese ‚probleme' des himmels von denen der erde, festigte ihre herrschaft und erkannte danach die neuen lösungen bereitwillig an." [4]

Galilei fällt zweimal

Er zerstört sich selbst und seine Arbeit

Galilei gibt eigentlichen Fortschritt preis

Am 30.7.45 findet sich folgende Eintragung ins ‚Arbeitsjournal':

„das stück wurde ohne jede absicht, etwas zu beweisen, geschrieben, der überlieferten geschichte folgend. [...] jetzt, bei der durcharbeitung einer theaterfassung zusammen mit dem politisch gedankenlosen schauspieler laughton erscheint außer dem thema, daß in dieser gesellschaftsform wissensdurst zu einer lebensge-

4 ebd., S. 37 f.

Josef Bierbichler als Galileo Galilei in der Inszenierung des Stückes von B. K. Tragelehn am Berliner Ensemble 1997 © ullstein bild – Will

fährlichen eigenschaft wird, da ihn die gesellschaft hervorbringt und bestraft, noch ein anderes [thema], nämlich der entscheidende unterschied zwischen dem ‚reinen fortschritt einer wissenschaft' und ihrem sozialrevolutionären fortschritt (G[alilei] beraubt die astronomie des jungen bürgertums ihrer sozial revolutionären bedeutung, macht sie zu einem ‚fach', sterilisiert sie.) auch zeigt sich, zumindest als fakt, wie die herrschende klasse sich der totalität ihrer ideologie bewußt ist: sie weiß, die kette, mit der sie die unterdrückten fesselt, ist nicht stärker als ihr schwächstes glied."[5]

5 ebd., S. 39.

3.2 Inhaltsangabe

ZUSAMMENFASSUNG

Der Astronom, Mathematiker und Physiker Galilei hat 1609 ein so schlechtbezahltes Lehramt an der Universität Padua inne, dass er, um sein Gehalt aufzubessern, den jungen Edelmann Ludovico Marsili als Privatschüler annehmen muss. Ludovico, der gerade aus Amsterdam kommt, beschreibt seinem neuen Lehrer das Fernrohr, das in Amsterdam als sensationelle Entdeckung gehandelt wird. Galilei nutzt die Information und bietet den Senatoren der Republik Venedig das Fernrohr als eigene Erfindung an, denn die Venezianer belohnen Neuheiten, die sich praktisch für die Seefahrt auswerten lassen. Für Galilei ist das Fernrohr wichtig, weil er damit den Beweis für die kopernikanische Lehre liefern kann: **Die Erde bewegt sich nachweisbar um die Sonne und ist nicht Mittelpunkt des Alls.**
In Florenz hofft Galilei umsonst auf die Gunst des neunjährigen Großherzogs Cosmo. Die Kirche hält jedoch an der aristotelischen Lehrmeinung fest, dass die Erde Mittelpunkt der göttlichen Weltordnung bleiben muss. Die von Galilei entdeckten Jupitermonde dürfen nicht existieren, auch wenn sie durchs Fernrohr sichtbar sind. 1616 untersagt die Inquisition weitere Forschungen, die in Widerspruch zur Theologie stehen. Als sich die Wahl eines neuen Papstes ankündigt, von dem Galilei annimmt, dass er seinen Forschungsergebnissen aufgeschlossener gegenüberstehen würde, nimmt Galilei seine Untersuchungen erneut auf. Er opfert dafür auch das Glück seiner Tochter Virginia, denn Ludovico, der mit ihr verlobt war, sagt sich von der Familie los.

Da Galileis Erkenntnisse die Autorität der Kirche erschüttern, wird Galilei von der Inquisition verhaftet. Im Prozess beugt er sich der Gewalt und widerruft. Dafür gewährt ihm die Kirche einen friedlichen Lebensabend. Seine Schüler verzweifeln an diesem Selbstverrat. Andrea Sarti beginnt seinen Lehrer zu hassen, weil er wider besseres Wissen die Wahrheit leugnet. Galilei lebt bis zu seinem Tod 1642 in Schutzhaft der Kirche in einem Landhaus bei Florenz. Aus Virginia ist eine verbitterte alte Jungfer geworden, die ihr vertanes Leben missgünstig am fast erblindeten Vater rächt. Zwar benutzt der alte, vom Tod gezeichnete, von Mönchen überwachte Galilei noch Andrea, um das Lebenswerk seiner *Discorsi* in die freie Welt nach Amsterdam zu schmuggeln, zugleich aber lehnt er jedes Wagnis, jede Verantwortung dafür ab. Andrea ist versöhnt, da er nun Galileis Widerruf rechtfertigt als List des freien Geistes, um die Gewalthaber zu unterlaufen. Voll zynischer Selbstverachtung widerspricht Galilei der naiven Beschönigung seines Schülers. Es war nicht List, es war einfach Angst vor dem Terror, vor den Folterkammern der Inquisition. Galilei fühlt sich schuldig, dass er alle getäuscht hat, die an ihn und seine Wahrheit glaubten. Der Wissenschaftler habe zu seiner sozialen Verantwortung zu stehen und mit seiner Forschung die Entwicklung der Menschheit voranzutreiben: „Es setzt sich nur soviel Wahrheit durch, als wir durchsetzen“ (S. 78).

Szene 1

Galileo Galilei, Lehrer der Mathematik in Padua, will das kopernikanische Weltsystem beweisen.

Galilei erklärt Andrea das kopernikanische Weltsystem

Galilei, Lehrer der Mathematik an der zur Republik Venedig gehörenden Universität in Padua, erklärt dem Knaben Andrea, Sohn seiner Haushälterin Sarti, auf äußerst anschauliche Weise das kopernikanische Weltsystem. Frau Sarti schilt über diesen vermeintlichen Unsinn. Als ein junger, reicher Adliger, Ludovico Marsili, dessen Familie Güter in der Campagna besitzt, bei Galilei Privatunterricht nehmen will, um sich – wie es seine Mutter wünscht – in den „Wissenschaften umzusehen" (S. 14), ist Galilei zur Erteilung des Unterrichts bereit, da ihn Frau Sarti ermahnt und die Geldnot Galilei dazu zwingt, dass der „große Physiker anstelle begabter, aber armer Schüler [wie Andrea] dumme wohlhabende unterrichtet"[6]. Der Kurator der Universität bringt Galilei die Nachricht, dass die von Galilei beantragte Gehaltserhöhung nicht bewilligt wird, weil die Mathematik keine nützliche Wissenschaft sei. Daraufhin bietet Galilei dem Schatzmeister der Universität einen wissenschaftlichen Traktat an. Dieser belehrt ihn jedoch, dass die Behörden der Republik Geld nur für kommerzielle Erfindungen auswerfen. Zugleich verweist er nochmals darauf, dass Venedig die Republik ist, „in der die Inquisition nichts zu sagen hat" (S. 17).

Aus Geldnot muss Galilei auch ‚dumme' Schüler unterrichten

Galilei braucht jedoch Muße, um Beweise für das noch unbewiesene Weltmodell der neuen Astronomen beschaffen zu können. In dieser Situation fällt ihm ein, was ihm ganz beiläufig der aus Holland kommende Ludovico erzählt hat. Dort wurde gerade das Fernrohr konstruiert. Galilei vertröstet den Kurator damit, dass er der Republik vielleicht demnächst etwas „Hübsches" (S. 19) und Nützliches, vergleichbar dem Proportionalzirkel, übergeben werde, was dann der „Skudi wert ist", weil es „Skudi bringt" (S. 18).

---

6 ebd., S. 72.

Nachdem der Kurator gegangen ist, schickt Galilei Andrea mit einer Skizze zum Linsenschleifer, um das Fernrohr nachzubauen.

Galilei überreicht der Republik Venedig das Fernrohr, seine ‚neue' Erfindung.

Szene 2

Im großen Arsenal von Venedig überreicht Galilei den Vertretern des Rats sein Fernrohr, das er als seine eigene Erfindung, als „Frucht siebenzehnjähriger geduldiger Forschung" (S. 23), ausgibt. Er deutet den kommerziellen Nutzen des neuen Instruments an, der z. B. darin bestehe, dass man „vermittels dieses Instruments im Kriege die Schiffe des Feinds nach Zahl und Art volle zwei Stunden früher erkennen" könne, so dass man sich noch rechtzeitig „zur Verfolgung, zum Kampf oder zur Flucht zu entscheiden" vermag (S. 24).

Galilei erhält für diese Erfindung die ersehnte Gehaltserhöhung. Während der Zeremonie der Übergabe des Teleskops gesteht Galilei im vertraulichen Gespräch einem ihm befreundeten Wissenschaftler, Sagredo, dass er das neue Instrument einem anderen Zweck zugeführt hat: er verkündet astronomische Entdeckungen.

Eigentlicher Zweck des Fernrohrs: astronomische Entdeckungen

Galilei entdeckt mit Hilfe des Fernrohrs Erscheinungen, die das kopernikanische System beweisen.

Szene 3

Wieder in Padua, zeigt Galilei Sagredo mit Hilfe des Fernrohrs die nunmehr erkennbaren Berge auf dem Mond, woraus zu schließen ist, dass der Mond kein selbstleuchtender Himmelskörper ist. Er verweist ihn ebenfalls auf die vier Monde des Planeten Jupiter, die ihm als Beweis für die Richtigkeit der Annahme des kopernikanischen Weltsystems dienen.

Der verärgert hereinstürzende Kurator der Universität unterbricht plötzlich die Sternbeobachtung. Die Hafenbehörden von Venedig stellen fest, dass ein gerade eingelaufenes holländisches

Schiff Kisten von Fernrohren auslade, die zu einem spottbilligen Preis angeboten werden sollen. So fühlt man sich durch Galilei betrogen, der nunmehr zugibt, für seine wissenschaftlichen Arbeiten das Geld zu benötigen. Er gibt zwar zu, die Idee für das Fernrohr übernommen zu haben, es aber auch über das Futteral hinaus verbessert zu haben. Außerdem solle man sich nicht so aufregen. Dank des Teleskops könnten neue, zuverlässigere Sternkarten für die Seefahrt erstellt werden, die somit den Handel optimierten, denn „Millionen von Skudi" könnten so der Schifffahrt erspart werden.

Galileis Schwindel fliegt auf

Nachdem der Kurator sich wutschnaubend entfernt hat, setzen Sagredo und Galilei ihr Gespräch fort. Sagredo ist erschrocken über Galileis neue Erkenntnisse und Folgerungen, nach denen die Menschheit für den 10. Januar 1610 in ihr Journal eintragen könne: „Himmel abgeschafft". Sagredo ermahnt Galilei; er vermisst Gott in dem neuen Weltbild, das eine Unendlichkeit der Welt behauptet. Galilei meint jedoch, Gott sei nicht verloren gegangen, sondern es gäbe ihn nur *in* dem Menschen und sonst nirgends (s. S. 33).

10.01.1610: „Himmel abgeschafft"

Sagredo warnt Galilei unter Hinweis auf den in Rom als Ketzer verbrannten Giordano Bruno.

Sagredo mahnt das Fehlen Gottes im neuen Weltbild an

Galilei fühlt sich aber sicher. Im Gegensatz zu Bruno glaubt er, die Beweise für die Richtigkeit des kopernikanischen Systems in Händen zu halten. Er glaubt an die „sanfte Gewalt der Vernunft über die Menschen" (S. 34) und die Macht und Überzeugungskraft der Beweise. Deshalb wagt er es auch, trotz der dortigen Herrschaft der Kirche, an den Hof der Mediceer in Florenz zu gehen, wo er besser bezahlt und dadurch mehr Zeit zur Forschung haben wird.

Galilei glaubt an die ‚Gewalt der Vernunft'

Galilei verspricht seiner Tochter Virginia am Florentiner Hof ein komfortableres Leben, wenn er dort um die Stelle des Hofmathematikers nachgesucht hat.

Galilei hat sich von Venedig nach Florenz begeben, wo am Hofe seine Entdeckungen in der Gelehrtenwelt auf Unglauben stoßen.

Szene 4

Die Szene wechselt nach Florenz. Bei der Demonstration vor dem 9-jährigen Großherzog Cosmo, der sich ‚kindgemäß' vor dem Eintreffen der Hofschranzen mit Andrea geprügelt hat, weigern sich die Florentiner Gelehrten, durch das Fernrohr zu schauen, denn nach der von der Kirche anerkannten Lehre des Aristoteles könne es solche Sterne wie die Jupitermonde nicht geben. Wortführer bei dem Disput mit Galilei sind ein Philosoph und ein Mathematiker. Schließlich appelliert Galilei an seine Hoheit und warnt zugleich seine Zuhörer:

Die Florentiner Gelehrten verweigern den Blick durchs Fernrohr

> „In diesen Nächten werden über ganz Italien Fernrohre auf den Himmel gerichtet. Die Monde des Jupiter verbilligen nicht die Milch. Aber sie wurden nie je gesehen, und es gibt sie doch. Daraus zieht der Mann auf der Straße den Schluß, daß es noch vieles geben könnte, wenn er nur seine Augen aufmachte! Ihr seid ihm eine Bestätigung schuldig! Es sind nicht die Bewegungen einiger entfernter Gestirne, die Italien aufhorchen machen, sondern die Kunde, daß für unerschütterlich angesehene Lehren ins Wanken gekommen sind, und jedermann weiß, daß es deren zu viele gibt. Meine Herren, lassen Sie uns nicht erschütterte Lehren verteidigen!" (S. 49)

„Lassen Sie uns nicht erschütterte Lehren verteidigen!"

Dem Philosophen, der Bedenken äußert, „wohin dies alles führen soll", entgegnet Galilei schroff, dass man sich als Wissenschaftler nicht dafür zu interessieren habe, „wohin die Wahrheit uns führen mag." (S. 49)

Angesichts der Borniertheit der beiden Disputanten verweist Galilei noch darauf, dass er bei seiner Arbeit im Großen Arsenal von Venedig bei den Zeichnern, Bauleuten und Instrumentenmachern festgestellt habe, dass sich diese ganz und ausschließlich auf ihre fünf Sinne und nicht auf etwas Gelesenes verließen. So fragt er sich, ob man nicht, „um die hohe Neugierde zu finden, die den wahren Ruhm des alten Griechenland ausmachte, sich in die Schiffswerften begeben" müsse (S. 50).

Verlass auf die fünf Sinne

Szene 5

Trotz der Pest setzt Galilei seine Forschungen fort.

Als in Florenz eine Pestepidemie ausgebrochen ist – ganz beiläufig wird sie schon in der vorangegangenen Szene erwähnt (s. S. 43) –, bleibt Galilei in der Stadt und setzt ganz unbeirrt seine Forschungen fort, denn: „Ich kann diese Beobachtungen nicht im Stich lassen. Ich habe mächtige Feinde und muß Beweise für gewisse Behauptungen sammeln." (S. 53) Virginia und Andrea haben Florenz verlassen, Frau Sarti bleibt allerdings, um Galilei aufopferungsvoll zu versorgen.

Szene 6

Das Forschungsinstitut des Vatikans bestätigt Galileis Entdeckungen.

Im Vorsaal des Päpstlichen Collegiums mokiert man sich über die von Galilei behaupteten Entdeckungen. Man verspottet sie oder tut sie dogmatisch ab. Ein sehr dünner Mönch umreißt die Lehre des Galilei mit folgenden Worten, die zwar als Verspottung gemeint sind, aber erkennen lassen, welche Konsequenzen sich aus Galileis Entdeckungen ableiten ließen: „Da ist kein Unterschied mehr zwischen Oben und Unten, zwischen dem Ewigen und dem Vergänglichen. Daß wir vergehen, das wissen wir. Daß auch der Himmel vergeht, das sagen sie uns jetzt. Sonne, Mond und Sterne und wir leben auf der Erde, hat es geheißen und steht es geschrieben; aber jetzt ist auch die Erde ein Stern nach diesem da. Es gibt nur Sterne! Wir werden den Tag erleben, wo sie sagen:

Galileis Entdeckungen werden verspottet

Es gibt auch nicht Mensch und Tier, der Mensch selber ist ein Tier, es gibt nur Tiere!" (S. 60 f.) Galilei sieht und hört dies ruhig mit an, karikiert sogar die Uneinsichtigkeit der Geistlichen damit, dass er einen Stein fallen lässt, den Umstehenden gegenüber aber behauptet, der Stein sei hinaufgefallen.

Galileis Entdeckungen werden bestätigt

Am Ende der Szene erscheint der Astronom des Päpstlichen Collegiums, Pater Clavius, und stellt lakonisch fest: „Es stimmt." (S. 62) Dann geht er ab, gefolgt von den ihn begleitenden Astronomen. Ein kleiner Mönch aus der Untersuchungskommission bleibt nur bei Galilei stehen und flüstert ihm verstohlen zu: „Herr Galilei, Pater Clavius sagte, bevor er wegging: Jetzt können die Theologen sehen, wie sie die Himmelskreise wieder einrenken! Sie haben gesiegt." (S. 63), woraufhin Galilei erwidert: „Sie hat gesiegt! Nicht ich, die Vernunft hat gesiegt!" (ebd.) Als er den Raum verlässt, begegnet er unter der Tür einem hochgewachsenen Geistlichen, dem Kardinal Inquisitor, ohne dass es zu einem Gespräch kommt. „Seine Eminenz, der Kardinal Inquisitor" (ebd.), wird von einem Astronomen zu dem Fernrohr begleitet.

„Die Vernunft hat gesiegt!"

Szene 7

Die Inquisition setzt die kopernikanische Lehre auf den Index.

Die Szene spielt in Rom, im Haus des Kardinals Bellarmin, wo eine Ballnacht stattfindet, zu der auch Galilei, seine Tochter, Kardinal Barberini u. a. eingeladen sind. Sie kommen teilweise maskiert. So schmücken sich Bellarmin und Barberini mit den Masken von Lamm und Taube.

Galilei ist berühmt

Virginia, inzwischen mit Ludovico verlobt, genießt den Ball und das Ansehen, das ihr in Rom von der Gesellschaft entgegengebracht wird, denn Galilei gilt nunmehr als der berühmteste derzeit lebende Wissenschaftler Italiens.

Während des Festes lässt man Galilei wissen, dass das Heilige Offizium seine Lehre verdammt habe. Sie wurde am 5. März auf den Index gesetzt. Zuvor hatte Bellarmin Galilei daran erinnert, welche Mühe es die Kirchenväter und so viele nach ihnen gekostet habe, „etwas Sinn [in die Welt] zu bringen." (S. 68) „Wir haben die Verantwortung für den Sinn solcher Vorgänge [z. B. für die Ausbeutung der Bauern in der Campagna] (das Leben besteht daraus), die wir nicht begreifen können, einem höheren Wesen zugeschoben, davon gesprochen, daß mit derlei gewisse Absichten verfolgt werden, daß dies alles einem großen Plan zufolge geschieht. Nicht als ob dadurch absolute Beruhigung eingetreten wäre, aber jetzt beschuldigen Sie dieses höchste Wesen, es sei sich im unklaren darüber, wie die Welt der Gestirne sich bewegt, worüber Sie sich im klaren sind. Ist das weise?" (ebd.) Nunmehr verkündet Bellarmin Galilei: „Das Heilige Offizium hat heute nacht beschlossen, daß die Lehre des Kopernikus, nach der die Sonne Zentrum der Welt und unbeweglich ist, töricht, absurd und ketzerisch im Glauben ist." (S. 69) Man erlaubt allerdings Galilei die weitere wissenschaftliche Forschung, „gemäß der Anschauung der Kirche, daß wir nicht wissen können, aber forschen mögen." (S. 70) Galilei darf seine Lehre behandeln, muss sie aber als mathematische Hypothese ausgeben (s. S. 70). Der Inquisitor unterhält sich schließlich noch in Abwesenheit von Galilei mit dessen Tochter Virginia, fragt sie nach ihrem Beichtvater und prophezeit ihr, dass es eine Situation geben werde, wo ihr Vater sie brauchen werde.

Lehre des Kopernikus wird von Kirche nicht anerkannt

Galilei darf weiter forschen

Szene 8

Im Palast des Florentinischen Gesandten in Rom unterhält sich Galilei mit einem kleinen Mönch.

Im Palast des Florentinischen Gesandten in Rom führt Galilei mit einem aus ärmlichen Verhältnissen stammenden Mönch ein Gespräch. Der Mönch glaubt, in die „Weisheit des Dekrets" (S. 74) eingedrungen zu sein. „Es hat mir die Gefahren aufgedeckt, die ein allzu hemmungsloses Forschen für die Menschheit in sich birgt."

(ebd.) Daraufhin hat er beschlossen, der Astronomie zu entsagen. Er sieht nämlich die Gefahr, dass durch die neuen Erkenntnisse die Bauern in der Campagna, die bislang ihr furchtbares Leben und die Ausbeutung, der sie ausgesetzt sind, als gottgegeben akzeptiert haben, die Gewissheit verlieren könnten, das Auge Gottes ruhe auf ihnen. Sie könnten zu der Erkenntnis kommen, sie müssten nun nach sich selber sehen. „Niemand hat uns eine Rolle zugedacht außer dieser irdischen, jämmerlichen auf einem winzigen Gestirn, das ganz unselbständig ist, um das sich nichts dreht?“ (S. 76) So liest er aus dem Dekret der Heiligen Kongregation ein „edles mütterliches Mitleid, eine große Seelengüte“ (ebd.). Galilei gibt ihm Recht, denn er hat erkannt, dass es sich nicht „um die Planeten, sondern um die Campagnabauern handelt. [...] Wären Ihre Leute wohlhabend und glücklich, könnten sie die Tugenden der Wohlhabenden und des Glücks entwickeln. Jetzt stammen diese Tugenden Erschöpfter von erschöpften Äckern, und ich lehne sie ab. Herr, meine Wasserpumpen können da mehr Wunder tun als ihre lächerliche übermenschliche Plackerei. [...] Würde ich mich zum Schweigen bereit finden, wären es zweifellos recht niedrige Beweggründe; Wohlleben, keine Verfolgung etc.“ (ebd.) Schließlich gesteht Galilei ein, die „Bahnen fliegender Körper“ nicht so berechnen zu können, daß auch „die Ritte der Hexen auf Besenstielen erklärt werden.“ (S. 78) Er entsagt also dem Verzicht auf Vernunft und Wissenschaft, nur um die Bauern in ihrer alten Gewissheit zu belassen. Aber er glaubt nun auch zu wissen, dass sich nur so viel Wahrheit durchsetzt, „als wir durchsetzen; der Sieg der Vernunft kann nur der Sieg der Vernünftigen sein. [...] Zum Teufel, ich sehe die göttliche Geduld Ihrer Leute, aber wo ist ihr göttlicher Zorn?“ (S. 78 f.)

Der kleine Mönch entsagt der Astronomie

Der Sieg der Vernunft als Sieg der Vernünftigen

Schließlich gibt Galilei, der von sich sagt, dass er das, was er erkannt hat, unbedingt auch weitersagen muss, dem Mönch einen Packen Manuskripte mit den Gründen von Ebbe und Flut. Der

Mönch, der der Wissenschaft angeblich abgeschworen hat, stürzt sich aber dennoch sofort auf die Lektüre der Papiere und Galilei setzt sich zu ihm und erklärt ihm, was dieser nicht versteht.

Szene 9

Nach achtjährigem Schweigen wird Galilei durch die Thronbesteigung eines neuen Papstes, der selbst Wissenschaftler ist, ermutigt, seine Forschungen wieder aufzunehmen.

Galilei hat schon seit acht Jahren geschwiegen. Er experimentiert über schwimmende Körper mit seinen Schülern, zu denen neben Andrea auch der Linsenschleifer Federzoni und eben jener Mönch gehören, der Galilei einmal aufsuchte, um ihn zu überzeugen, dass die Kirche mit dem Erlassen des Dekrets recht gehabt habe (s. Szene 8). Es gelingt Galilei, durch die Überprüfung dessen, was Aristoteles einst schrieb, den antiken Gelehrten leicht zu widerlegen, was ein Gelächter bei allen mithelfenden Schülern verursacht („Die Theologen haben ihr Glockenläuten, und die Physiker haben ihr Lachen.", S. 86).

Galilei schöpft Hoffnung und nimmt verbotene Forschungen wieder auf

Marsili bringt die Nachricht, der Papst liege im Sterben und der mögliche Nachfolger auf dem Heiligen Stuhl könne der Mathematiker Barberini sein. Nach dieser Nachricht schöpft Galilei neue Hoffnung, denn Barberini war ihm einst in Rom nicht unhöflich begegnet; und so nimmt er umgehend seine Forschungen auf dem verbotenen Feld wieder auf: er untersucht die Sonnenflecken. Virginia ist entsetzt über das Verhalten des Vaters, weil sich Ludovico, mit dem sie nun schon seit vielen Jahren verlobt ist, von ihr umgehend abwendet und die Verlobung löst, was ganz im Sinne seiner Mutter ist.

Szene 10

Galileis Lehre findet beim Volk Verbreitung.

Galileis Lehre findet beim Volk Verbreitung. Pamphletisten und Balladensänger greifen überall die neuen Ideen auf. Sogar während der Fastnacht 1632 wählen viele Städte Italiens als Thema der

Fastnachtsumzüge der Gilden die Astronomie. Antikirchliche und sozialrevolutionäre Töne werden laut.

Die Inquisition beordert Galilei nach Rom.

Szene 11

Galilei hält sich im Palast der Medici in Florenz auf, um dem Großherzog sein neues Buch über die Mechanik des Universums zu überreichen. Der Großherzog übersieht aber das Werk geflissentlich. Vanni, ein Eisengießer, für den Galilei eine Schmelzanlage entworfen hat, warnt Galileo und bietet ihm die Hilfe seiner Freunde in „allen Geschäftskreisen" (S. 101) an. Er hält zur Flucht Galileis sogar eine Reisekutsche bereit, die Galilei in Sicherheit bringen soll. Aber dieses Angebot kommt letztlich, bedingt durch die zögerliche Haltung Galileis, zu spät, denn ein Abgesandter der römischen Inquisition nimmt Galilei gefangen und schickt ihn nach Rom.

Galilei zögert zu lang und wird gefangen genommen

Der Papst will, dass man Galilei vor der Inquisition allenfalls die Folterinstrumente zeigt.

Szene 12

Papst Urban VIII., vormals Kardinal Barberini, empfängt während einer Ankleidungsszene im Vatikan den Kardinal Inquisitor. Dieser bittet den Papst, Galilei vor das Inquisitionsgericht führen zu dürfen. Nach einigem Zögern gibt der Papst die Einwilligung, erlaubt aber nur, dass im äußersten Fall Galilei die Folterinstrumente gezeigt werden, um ihn einzuschüchtern.

Galilei widerruft vor der Inquisition seine Lehre.

Szene 13

Im Palast des Florentinischen Gesandten in Rom warten die Schüler Galileis auf den Ausgang des Inquisitionsprozesses, überzeugt davon, Galilei werde nicht widerrufen. Um fünf Uhr, bei Glockengeläut, soll Galilei abschwören. Seine Tochter betet darum, seine Mitarbeiter hoffen, dass er widersteht. Als der Widerruf zunächst ausbleibt, sind sie deshalb überglücklich. Dann dröhnt

Alle hoffen, Galilei widerrufe nicht

Galilei schwört seiner Lehre öffentlich ab

die Glocke, und ein Ausrufer verkündet: „Ich, Galileo Galilei, Lehrer der Mathematik und der Physik in Florenz, schwöre ab, was ich gelehrt habe, daß die Sonne das Zentrum der Welt ist und an ihrem Ort unbeweglich, und die Erde ist nicht Zentrum und nicht unbeweglich. Ich schwöre ab, verwünsche und verfluche mit redlichem Herzen und nicht erheucheltem Glauben alle diese Irrtümer und Ketzereien sowie überhaupt jeden anderen Irrtum und jede andere Meinung, welche der Heiligen Kirche entgegen ist." (S. 112 f.)

Andrea sagt sich von Galilei los

Andrea sagt sich daraufhin von Galilei los, als dieser „völlig, beinahe bis zur Unkenntlichkeit verändert durch den Prozeß" (S. 113), den Raum betritt. Andrea versteigt sich sogar zu der Beschimpfung: „Weinschlauch! Schneckenfresser! Hast du deine geliebte Haut gerettet?" (ebd.)

Szene 14

Galilei lebt in einem Landhaus in der Nähe von Florenz und verfasst dort seine *Discorsi*, von denen er heimlich eine Abschrift anfertigt, die er Andrea übereicht.

Galilei, sehr gealtert und nunmehr – was in den letzten Szenen sich bereits ankündigte – fast blind, lebt in einem Landhaus bei Florenz. Dort ist er Gefangener der Inquisition, die ihn zwar weiter forschen lässt, aber er steht unter Bewachung, und alles, was er aufschreibt, diktiert er seiner ihn versorgenden Tochter, die das Aufgeschriebene an einen Mönch weitergibt.

Nun bejaht Andrea Galileis Widerruf

Andrea besucht ihn auf seinem Weg nach Holland, wo er hofft, seine Studien in größerer Freiheit fortsetzen zu können. Galilei übergibt ihm insgeheim die heimlich angefertigte Abschrift der *Discorsi*, die er mit Erlaubnis der Inquisition zu Ende geführt, aber an sie durch den Mönch abgeliefert hat. Nunmehr bejaht Andrea Galileis Widerruf. Er glaubt jetzt zu erkennen, dass Galilei ihnen allen in seiner Ethik weit voraus war: „Sie gewannen [durch den Widerruf] die Muße, ein wissenschaftliches Werk zu schreiben, das nur Sie schreiben konnten. Hätten Sie in einer Gloriole von Feuer auf dem Scheiterhaufen geendet, wären die andern die Sieger gewesen.“ (S. 123)

Als Andrea glaubt, Galileis Verhalten rechtfertigen zu können, mit der Ansicht, dass die „Wissenschaft nur ein Gebot kennt: den wissenschaftlichen Beitrag“ (S. 124), hält dem Galilei entgegen:

> „Und [den wissenschaftlichen Beitrag] habe ich geliefert. Willkommen in der Gosse, Bruder in der Wissenschaft und Vetter im Verrat! Ißt du Fisch? Ich habe Fisch. Was stinkt, ist nicht mein Fisch, sondern ich. Ich verkaufe aus, du bist ein Käufer. O unwiderstehlicher Anblick des Buches, der geheiligten Ware! Das Wasser läuft im Mund zusammen, und die Flüche ersaufen. […] Geheiligt sei unsre schachernde, weißwaschende, todfürchtende Gemeinschaft! […] Der Verfolg der Wissenschaft scheint mir diesbezüglich besondere Tapferkeit zu erheischen. Sie handelt mit Wissen, gewonnen durch Zweifel. Wissen verschaffend über alles für alle, trachtet sie, Zweifler zu machen aus allen. Nun wird der Großteil der Bevölkerung von ihren Fürsten, Grundbesitzern und Geistlichen in einem perlmutternen Dunst von Aberglauben und alten Wörtern gehalten, welcher die Machinationen dieser Leute verdeckt. Das Elend der Vielen ist alt wie das Gebirge und wird von Kanzel und Katheder herab für unzerstörbar erklärt wie das Gebirge. […] Aber können wir uns der Menge verweigern und doch Wissenschaftler bleiben? Die Bewegungen der Himmelskörper sind übersichtlicher geworden; immer noch unberechenbar sind den Völkern die Bewegungen ihrer Herrscher. Der Kampf um die Meßbarkeit des Himmels ist gewonnen durch Zweifel; durch Gläubigkeit muß der Kampf der römischen Hausfrau um Milch immer aufs neue verlorengehen. Die Wissenschaft, Sarti,

Nicht die Gestirne, sondern die Bewegungen der Herrscher seien unberechenbar

hat mit beiden Kämpfen zu tun. [...] Ich halte dafür, daß das einzige Ziel der Wissenschaft darin besteht, die Mühseligkeit der menschlichen Existenz zu erleichtern. Wenn Wissenschaftler, eingeschüchtert durch selbstsüchtige Machthaber, sich damit begnügen, Wissen um des Wissens willen aufzuhäufen, kann die Wissenschaft zum Krüppel gemacht werden, und eure neuen Maschinen mögen nur neue Drangsale bedeuten. Ihr mögt mit der Zeit alles entdecken, was es zu entdecken gibt, und euer Fortschritt wird doch nur ein Fortschritt von der Menschheit weg sein. Die Kluft zwischen euch und ihr kann eines Tages so groß werden, daß euer Jubelschrei über irgendeine neue Errungenschaft von einem universalen Entsetzensschrei beantwortet werden könnte. – Ich hatte als Wissenschaftler eine einzigartige Möglichkeit. In meiner Zeit erreichte die Astronomie die Marktplätze. Unter diesen ganz besonderen Umständen hätte die Standhaftigkeit eines Mannes große Erschütterungen hervorrufen können. Hätte ich widerstanden, hätten die Naturwissenschaftler etwas wie den hippokratischen Eid der Ärzte entwickeln können, das Gelöbnis, ihr Wissen einzig zum Wohle der Menschheit anzuwenden! [...] Einige Jahre lang war ich ebenso stark wie die Obrigkeit. Und ich überlieferte mein Wissen den Machthabern, es zu gebrauchen, es nicht zu gebrauchen, es zu mißbrauchen, ganz, wie es ihren Zwecken diente." (S. 124 ff.)

Wissen um des Wissens willen anzuhäufen, genüge nicht

In meiner Zeit erreichte die Astronomie die Marktplätze

Szene 15

Andrea überschreitet mit den *Discorsi* die italienische Grenze.

In einem kleinen italienischen Grenzstädtchen wartet Andrea am Schlagbaum neben einem Kutscher die Prüfung seiner Papiere durch die Grenzwächter ab. Er sitzt auf einer kleinen Kiste und liest in jenem Manuskript, das ihm Galilei mit auf den Weg nach Holland gegeben hat. Andrea darf die Grenze passieren. Dass er Galileis *Discorsi* über die Grenze schmuggelt, bleibt unbemerkt.

3.3 Aufbau

ZUSAMMEN-FASSUNG

- Das Stück besteht aus 14 bzw. 15 einzelnen, in sich weitgehend selbstständigen Bildern.
- Die Handlungsorte wechseln von Bild zu Bild.
- Der Anfang des Stückes wiederholt sich im Ende bzw. ist darin aufgehoben. Viele Szenen sind von Brecht so angelegt, dass sie sich deutlich in parallel geführten Szenen widerspiegeln und Gegensätze herausarbeiten.

Die Grundstruktur der Handlung

GALILEIS ERFOLG BZW. NIEDERLAGE

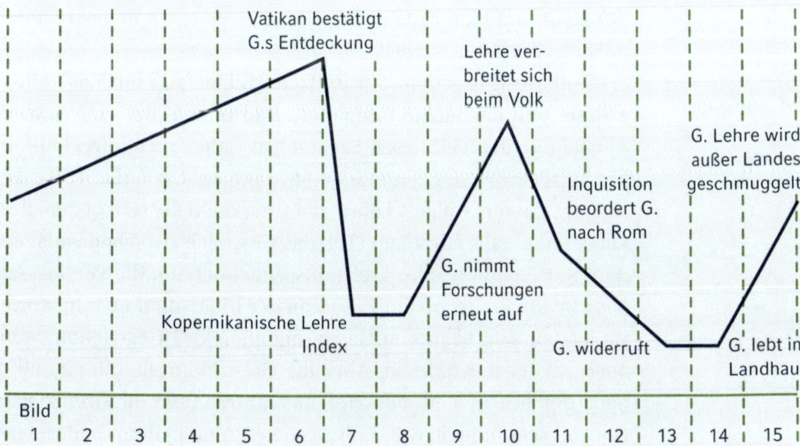

Das Stück besteht in der hier zugrunde gelegten Fassung aus 15 Bildern, die unter sich in ihrer Positionierung nicht austauschbar sind. Sie umfassen einen Schnitt durch Galileis Leben: Das erste Bild zeigt den 46 Jahre alten Galilei; das vorletzte Bild, dessen Bildüberschrift die Jahre 1633–1642 nennt, zeigt einen dreiundsiebzigjährigen, in sich gebrochenen, fast erblindeten Galilei.

Örtlichkeiten

Häufiger Wechsel der Spielorte

Die Spielorte der einzelnen Bilder wechseln beständig: Zu Beginn befindet sich Galilei in Padua (1/3); dann Venedig (2); Florenz (Haus und Studierzimmer des Galilei in Florenz, 4/5); in Rom (Collegium Romanum (6); Haus des Kardinal Bellarmin (7); im Palast des Florentinischen Gesandten in Rom (8); in Galileis Haus in Florenz (9); auf dem Marktplatz (10); im Palast der Medici in Florenz (11); im Gemach des Vatikan (12); im Haus des Florentinischen Gesandten in Rom (13); und schließlich in Galileis Haus in der Nähe von Florenz (14). Die letzte Szene spielt in einer kleinen italienischen Grenzstadt.

Galilei ist in jeder Szene präsent

Galilei tritt in jedem der fünfzehn Bilder auf; nur das zehnte, zwölfte und das letzte, fünfzehnte Bild bilden hier eine gewisse Ausnahme, denn in diesen Szenen tritt Galilei nicht direkt auf; indirekt ist er aber der zentrale Gegenstand der Dialoge: Die Bänkelsänger ‚zitieren' Galileis Lehre und verspotten die sich gegen diese Lehre wendende Obrigkeit (10); das Gespräch zwischen Papst und dem Kardinal Inquisitor kreist ausschließlich um die Person Galileis und die Frage, ob der Papst ihn der Inquisition überantwortet. Im letzten Bild bestimmt Galilei ebenfalls das Geschehen, wenn auch wieder nur indirekt. Aber die Grenzkontrolle gilt eigentlich dem ‚gefährlichen' Manuskript, das Andrea über die Grenze nach Holland schmuggeln will. Er liest seelenruhig in dem Galilei'schen Werk, während der Grenzwächter seine Papiere durchsucht. Wenn er als letzte Aussage dem zurückbleibenden Jungen noch zuruft: „Du mußt lernen, die Augen aufzumachen. [...] Wir wissen bei weitem nicht genug, Giuseppe. Wir stehen wirklich erst am Beginn." (S. 131) verweist auch dies auf Galilei, denn am ‚Anfang des Wissenserwerbs' hat sich auch Galilei gesehen. Er verstand sich in der ersten Szene als jemand, der alles überprüfen und neu denken muss. Diese Haltung hat nun Andrea übernommen und gibt sie an einen anderen Jungen weiter, der wiederum an ihn erinnert, wie er im ersten Bild als ‚Schüler' des Galilei auftrat. So schließt also auch die letzte Szene so, dass indirekt in ihr Galilei im Zentrum steht; zugleich schließt sie aber auch das Drama ab, indem sie den Kreis zur ersten Szene, nunmehr auf einer höheren Ebene, schließt: Der Anfang wiederholt sich im Ende. Oder besser: Der Anfang ist im Ende aufgehoben, das zugleich einen neuen Anfang darstellt.

Der Anfang wiederholt sich im Ende

Der erste Handlungsstrang

Wie die erste und die letzte Szene somit miteinander korrespondieren, die letzte ein Echo der ersten ist und umgekehrt, liegt die Vermutung nahe, das Stück sei in sich symmetrisch gestaltet. Sollte das der Fall sein, müsste sich eine Mittelachse ausmachen lassen und die wäre bei fünfzehn Bildern in der Mitte, also im achten Bild, zu suchen. Das Zentrum des Stückes wäre demnach das Gespräch zwischen Galilei und dem kleinen Mönch im Palast des Florentinischen Gesandten in Rom (S. 74 ff.). Diese Szene ähnelt auffällig den beiden Rahmenszenen, der ersten und der letzten, da auch hier an die Stelle weitertreibender Handlung ein Gespräch gerückt ist und der kleine Mönch mit Andrea in der ersten Szene und mit Giuseppe in der letzten Szene vergleichbar ist, denn sie alle wollen mehr wissen. Einleitend in die Szene 8 findet sich folgender kleine Text:

Korrespondenz der ersten und letzten Szene

Zentrum des Stückes: Die achte Szene

> *Galilei las den Spruch*
> *Ein junger Mönch kam zu Besuch*
> *War eines armen Bauern Kind*
> *Wollt wissen, wie man Wissen find't.*
> *Wollt es wissen, wollt es wissen.* (S. 74)

Auch Rainer Nägele hebt den besonderen Charakter der Mittelszene hervor:

> „Diese Szene erhält einen besonderen Akzent, indem sie den Fortgang der Handlung nicht nur reflektierend begleitet, sondern ihn unterbricht. Das dialektische Zusammenwirken von Dialog und Handlung löst sich für kurze Zeit, indem der theoretische Überbau als Dialog sich verselbstständigt.“ [7]

Die achte Szene steht außerdem genau am Ende des ersten Handlungsverlaufs. Sie beschließt ihn, denn mit dem neunten Bild wird Galilei nach achtjährigem Schweigen durch die angekündigte „Thronbesteigung eines neuen Papstes, der selbst Wissenschaftler ist, ermutigt, seine Forschungen auf dem verbotenen Feld wieder aufzunehmen“ (S. 80).

Handlungskontinuum des ersten Handlungsstrangs

Bis zur achten Szene stehen die Einzelszenen nicht autonom nebeneinander, sondern stellen ein gewisses Handlungskontinuum dar. In der ersten Szene hört Galilei von dem Fernrohr, das die Holländer gebaut haben; er lässt dieses Fernrohr nachbauen, erhält von Venedig dafür ein ihn zufriedenstellendes Salär (2) und setzt mit dem Fernrohr seine Forschungen fort (Bergschatten auf dem Mond; Jupitermonde usw.) und macht Entdeckungen, die es ihm erlauben, das Kopernikanische System zu beweisen, auch

7 Nägele, Rainer: *Zur Struktur von Brechts ‚Leben des Galilei'*, S. 87.

wenn der Betrug mit dem Fernrohr inzwischen aufgeflogen ist (3). Um noch mehr Muße für seine Arbeit zu haben, wechselt er nach Florenz, begibt sich damit in den für ihn so gefährlichen Bereich der Kirche (4), muss aber erkennen, dass sich die Florentinischen Gelehrten nicht sonderlich für seine Entdeckungen interessieren. Auch die Pest kann seinen Forscherdrang nicht zurückhalten (5). Sein Triumph ist, dass das Collegium Romanum, das Forschungsinstitut des Vatikans durch den Pater Clavius seine Entdeckungen bestätigen muss (6). Zugleich mit seinem Triumph taucht aber bereits – wenn auch nur als Randfigur – ein Vertreter der Inquisition auf. Im Augenblick seiner größten Berühmtheit und seines größten Ansehens setzt die Inquisition die kopernikanische Lehre auf den Index, was für Galilei heißt, dass er sich anderen Forschungsgegenständen zuwenden muss und nicht mehr die Öffentlichkeit über seine Forschungsergebnisse, die das kopernikanische System noch weiter abstützen bzw. beweisen könnten, informieren darf (7). Damit endet die erste Handlungsreihe. Die achte Szene hat demnach kommentierende Funktion.

Kommentierende Funktion der achten Szene

Der zweite Handlungsstrang

Mit der neunten Szene beginnt dann der zweite Handlungsstrang: Galilei nimmt erneut seine Arbeiten auf. Er untersucht mit seinen Schülern die Sonnenflecken (9); seine Popularität und seine Lehre reicht bis zu den Marktplätzen (10). Auch die Geschäftsleute wollen Galilei unterstützen; er aber zögert, flieht nicht aus Florenz und wird so von der Inquisition nach Rom beordert (11). Der Papst gibt sogar die Erlaubnis, Galilei die Instrumente der Folter zu zeigen, um ihn so gefügig zu machen (12). Galilei hat Angst, widerruft vor der Inquisition (13) und verbringt seine letzten Lebensjahre als Gefangener der Inquisition in einem Landhaus in der Nähe von Florenz, bewacht von einem Mönch, umsorgt von seiner Tochter.

Er erblindet fast völlig, nutzt aber die Nacht, um heimlich eine Abschrift seiner *Discorsi* anzufertigen, die er Andrea, der ihn besucht, auf dem Weg nach Holland mitgibt (14). Andrea gelingt an der italienischen Grenze der Schmuggel des Galilei'schen Werkes über die Grenze (15).

Parallel geführte Szenen

Nimmt man das Gespräch in der achten Szene als die Mittelachse des Stückes und versteht man die beiden Handlungsstränge als Wiederholung und zugleich Verschärfung von Galileis Forschungstätigkeit und des ihr entgegengesetzten obrigkeitlichen Widerstandes, so lassen sich Parallelführungen in den entsprechenden Szenenpaaren entdecken. Rainer Nägele, dem wir hierin folgen, hat folgende Beobachtungen dazu gemacht:

Szene 2 und 10

„Beide Szenen zeigen Galilei auf einem Höhepunkt seiner Popularität. In 2 ist es Popularität bei den Großen, in 10 Popularität bei den Kleinen, beim Volk."

Szene 3 und 11

„Szene 3 und 11 stehen in einem deutlichen Kontrast zueinander: 3 enthält Galileis Glaubensbekenntnis an die Vernunft, 11 die Beorderung vor die Inquisition. [...] In 3 schreibt Galilei seinen Brief an den Großherzog von Florenz und bittet um Aufnahme am dortigen Hof. Gerade in Florenz aber kann die Inquisition ihn um so leichter erreichen. Szene 11 ist die Letzte seines Aufenthalts in Florenz."

Szene 4 und 12

„Die kopernikanische Lehre steht zur Diskussion bei den Mächtigen der Welt (Florenz) und denen der Kirche (Rom)."

Szene 5 und 13

„Uneingeschüchtert durch die Pest setzt Galilei seine Forschung in 5 fort, eingeschüchtert durch die Inquisition widerruft er in 13."

Szene 6 und 14

„Wieder Kontrast: Galilei hat seinen größten Triumph über den Vatikan, als dessen astronomisches Institut ihn bestätigen muss; in 14 hat er seine größte Tiefe erreicht als Gefangener des Vatikans, der jeden seiner Schritte überwacht. In 6 warf der Kardinal ihm vor: ‚Sie beschmutzen ihr eigenes Nest.' Jetzt, da er die ‚Nestbeschmutzung' widerrufen hat, hält er sich selbst für befleckt."

Szene 7 und 15

„Der Kontrast ist umgekehrt: die Lehre kommt auf den Index in 7; die *Discorsi* überschreiten die Grenze in 15."[8]

---

8 ebd., S. 95–98.

3.4 Personenkonstellation und Charakteristiken

ZUSAMMEN-FASSUNG

Die Zentralfigur ist Galilei. Alle weiteren Personen sind ihm zugeordnet.

Andrea → sein Schüler

Federzoni → Linsenschleifer

Vanni → Eisengießer

Frau Sarti → Galileis Haushälterin, zugleich Andreas Mutter

Virginia → seine Tochter

Ludovico Marsili → der Verlobte seiner Tochter

Barberini → Kardinal, Wissenschaftler, der spätere Papst Urban VIII.

Die Hofgelehrten

Sagredo → Freund Galileis, Wissenschaftler

Der kleine Mönch

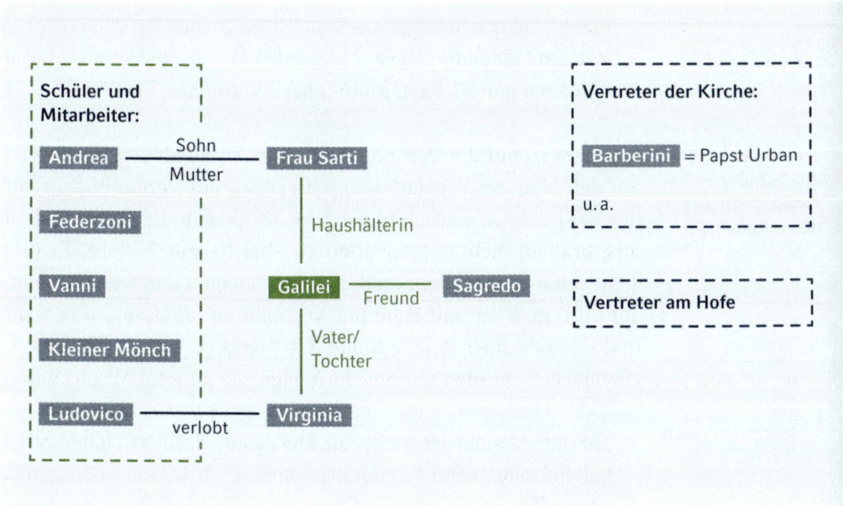

Galilei

Galilei – Wissensdrang treibt ihn an

Galilei ist der Typ des Wissenschaftlers. Er ist von einer wissenschaftlichen Neugier geradezu getrieben. Er will wissen und er muss wissen, wie der kleine Mönch, dem er seine neuen Aufzeichnungen reicht und der es nicht unterlassen kann, sofort das Manuskript zu verschlingen. Sein Sündenfall ist das Wissen wollen um jeden Preis. Er selbst äußert sich gegenüber dem kleinen Mönch, in dem er einen ‚Bruder im Geiste' erkennt:

„Ein Apfel vom Baum der Erkenntnis! Er stopft ihn schon hinein. Er ist ewig verdammt, aber er muß ihn hineinstopfen, ein unglücklicher Fresser! Ich denke manchmal: ich ließe mich zehn Klafter unter der Erde in einen Kerker einsperren, zu dem kein Licht mehr dringt, wenn ich dafür erführe, was das ist:

> Licht. Und das Schlimmste: was ich weiß, muß ich weitersagen, Wie ein Liebender, wie ein Betrunkener, wie ein Verräter. Es ist ganz und gar ein Laster und führt ins Unglück." (S. 79)

Galilei setzt auf die Vernunft – und auf den Sieg der Vernünftigen

Galilei setzt auf die Vernunft und – was sein Fehler ist – er setzt auf den Sieg der Vernünftigen. („Der Sieg der Vernunft kann nur der Sieg der Vernünftigen sein.", S. 78) Er hält die Ungewissheit aus, braucht nicht den Glauben als absichernde Instanz. Er gibt sich vielmehr ganz dem methodischen Zweifel hin, weil er meint, auf diesem Wege mit Hilfe der Vernunft zu erkennen, was wahr und was falsch ist. An die Stelle des Glaubens und des Für-wahr-Haltens setzt er die theoretische Neugierde und das Misstrauen.

> „Meine Absicht ist nicht, zu beweisen, daß ich bisher recht gehabt habe, sondern: herauszufinden, ob. […] Ja, wir werden alles, alles noch einmal in Frage stellen. […] Und was wir heute finden, werden wir morgen von der Tafel streichen und erst wieder anschreiben, wenn wir es noch einmal gefunden haben. Und was wir zu finden wünschen, das werden wir, gefunden, mit besonderem Mißtrauen ansehen." (S. 93)

Unstillbarer Wissensdurst

Er lebt aus einem unstillbaren Wissensdurst heraus. Das macht ihn einerseits lebendig, andererseits quält ihn dieser Durst körperlich. Denken auf der einen Seite und Sinnlichkeit und Empfinden auf der anderen Seite gehen bei ihm eine Einheit ein, die nicht immer harmonisch ist. Er durchleidet die Qualen des Nichtwissens und des Verbots, nicht forschen zu dürfen, wie er andererseits die Lust und die Freude genießt, die Wahrheit gefunden zu haben.

Denken ist Lust, Forschen Wollust

Die Anfangsszene ist typisch. Galileis Wohlbehagen, wenn ihm Andrea den Rücken frottiert, setzt sich um in geistige Produktion. Denken ist ihm eine Lust, Forschen eine Wollust. Als er davon hört, dass der Wissenschaftler Barberini der potenzielle Nachfolger auf dem Stuhl Petri sei, schwärmt er:

> „Das Wissen wird eine Leidenschaft sein und die Forschung eine Wollust.“ (S. 88)

Barberini kann Galilei zutreffend charakterisieren, wenn er über ihn dem Inquisitor sagt: „Er kennt mehr Genüsse als irgendein Mann, den ich getroffen habe. Er denkt aus Sinnlichkeit. Zu einem alten Wein oder einem neuen Gedanken könnte er nicht nein sagen.“ (S. 108)

„Er denkt aus Sinnlichkeit.“

Wie er auf die Vernunft setzt, setzt er auch auf den Fortschritt. Insofern ist er Optimist. Er öffnet sich dem Neuen, er liebt den Beginn. Die Gedichtzeilen

O früher Morgen des Beginnens!
O Hauch des Windes, der
Von neuen Küsten kommt!

geben ganz und gar seine innere Stimmung und Haltung wieder. (s. S. 10)

Galilei ist Optimist

Galilei sucht die Befreiung aus den Fesseln des mittelalterlichen Weltbildes, sein Hang zum kopernikanischen System erklärt sich auch aus seinem Bedürfnis heraus, sich aus dem Gefängnis der Kristallschalen zu befreien:

> „Es hat immer geheißen, die Gestirne sind an einem kristallenen Gewölbe angeheftet, daß sie nicht herunterfallen können. Jetzt haben wir Mut gefaßt und lassen sie im Freien schweben, ohne Halt, und sie sind in großer Fahrt. […] Und die Erde rollt fröhlich um die Sonne. […] Das Weltall […] hat über Nacht seinen Mittelpunkt verloren, und am Morgen hatte es deren unzählige. So daß jetzt jeder als Mittelpunkt angesehen wird und keiner. Denn da ist viel Platz plötzlich.“ (S. 10)

Galilei sucht die Bewegung, meidet die Erstarrung und versucht, selbst ein bewegender Teil der Bewegung zu sein. Er hasst den „Stillstand" der Erde. (s. S. 93)

Galilei begründet Sagredo gegenüber seinen Wechsel von Padua nach Florenz mit den Worten: „Ich brauche Muße. Ich brauche Beweise. Und ich will die Fleischtöpfe." (S. 37) Damit ist sein ganzes Dilemma beschrieben, das sich aber nicht aus einem in sich widersprüchlichen Charakter ableitet, sondern sich aus den Widersprüchen der Situation ergibt, denn Galilei braucht für seine wissenschaftlichen Arbeiten die materielle Basis, die er gesichert sehen will. Nur das Gehalt, das er sich als Hofmathematiker in Florenz verspricht, gewährt ihm die Muße, die er braucht, um die Beweise für die Richtigkeit des kopernikanischen Systems zu finden. Zugleich weiß er seine körperlichen Bedürfnisse (‚Fleischtöpfe') in ausreichender Weise befriedigt. Was er aber nicht sieht, sind die Gefahren, die ihm durch die enge Verbindung zwischen Florenz und Rom drohen. Er ist naiv. Nicht als Wissenschaftler, aber in der Einschätzung der Durchsetzbarkeit der Vernunft. Er glaubt an den Siegeszug der Vernunft, an den Sieg und die Durchsetzungskraft der Vernünftigen. Er verschätzt sich in den Machtkonstellationen. Das ist sein Fehler. Er weiß nicht, welche Verbündeten er braucht, weil er auf den Sieg der Vernunft setzt, aber dabei die Trägheit der Menschen und die

Simon Russel Beale als Galileo Galilei in der Inszenierung des Stückes von David Hare am National Theatre in London 2006 © ullstein bild – Lebrecht Music & Arts Photo Library

Überlebensfähigkeit alter Machtverhältnisse unterschätzt. Insofern hat der Inquisitor recht, wenn er von Galilei sagt, dieser Wahnsinnige halte die Vernunft „für die einzige Instanz“ (S. 106).

Vernunft als „einzige Instanz“

> „So sehr Galileis Wissenschaft von Zweifel und Misstrauen bestimmt ist, so wenig bringt er diese auf dem Feld der Gesellschaft zur Anwendung, weil er nach Brechts Urteil ‚vollkommen unintelligent ist und die Intelligenz eines neunjährigen Knaben hat in der Beurteilung des Hofes von Florenz‘. Worin liegt die Erklärung? Es ist der Kontext des Vernunft-Disputs – Galileis Entschluss zur Übersiedlung an den Florentiner Hof –, der auch den Hinweis auf den Forschungstrieb als die Wurzel dieser Naivität enthält: Galilei ist entschlossen, sich unter allen Umständen günstige Bedingungen für seine Forschungsarbeit zu sichern, wie der Anti-Rationalist Sagredo kühl analysiert:
>
> ‚So mißtrauisch in der Wissenschaft, bist du leichtgläubig wie ein Kind in allem, was dir ihr Bestehen zu erleichtern scheint.‘
>
> Der Wunsch, der Vernunft und der Wahrheit auf dem Feld der Wissenschaft zum endgültigen Durchbruch zu verhelfen durch Anhäufung von Beweisen, verleitet Galilei zur Leichtgläubigkeit auf dem Gebiet der Gesellschaft. In ähnlicher Weise begegnen wir auch in der Pestszene […], in der Sonnenfleckenszene bei der Wiederaufnahme seiner Forschungsarbeit oder bei der Zurückweisung des Bündnisangebots des Eisengießers Vanni einem solchen, der Vernunft zuwiderhandelnden Galilei. So rigoros er die Widrigkeit der äußeren Bedingungen missachtet, wenn es um seine wissenschaftlichen Untersuchungen geht, so gewissenhaft und akribisch untersucht er in diesen selbst alle Umstände, wie Frau Sarti es bei der Galilei willkommenen Nachricht vom nahen Tod des alten Papstes treffend und bildhaft-anschaulich zum Ausdruck bringt:

Leichtgläubigkeit auf dem Gebiet der Gesellschaft

> ‚Fünfzigmal wiegt der Mann seine Eisstückchen ab, aber wenn es zu etwas kommt, was in seinen Kram paßt, glaubt er es blind!' (S. 89)
>
> Die Schlussfolgerung aus diesem Widerspruch überlässt Brecht dem Zuschauer. In ihm will er, ganz dem Geist des wissenschaftlichen Zeitalters verpflichtet, die Überzeugung wecken, dass die gesellschaftlichen Bedingungen mit dem in den Wissenschaften üblichen Maß an Misstrauen, Vernunft und Zweifel zu untersuchen sind, damit [...] aus dem Zweifel schließlich revolutionäre Gewissheit wird."[9]

Noch einige weitere Seiten seien an Galilei aufgewiesen:

Galilei stellt sein Wissen in den Dienst der Gemeinschaft

Auf politischem Gebiet ‚unwissenschaftlich'

> „Galilei will produzieren, und er produziert am besten lernend lehrend (mit den richtigen Schülern); er baut technische Geräte, um die Menschen von ihrer Fronarbeit zu befreien, und er besteht auf der Verbreitung des Wissens (Ablehnung des Lateinischen als Wissenschaftssprache); kurz: er setzt sein Wissen allgemein um, stellt es in den Dienst der Gemeinschaft. – Um dies aber tun zu können, unterwirft er sich gleichzeitig den feudalen Großgrundbesitzern und ihrer Herrschaft, die alles das in Frage stellen: auf dem politischen Gebiet zeigt sich Galilei als leichtgläubig, als ‚unwissenschaftlich' in seiner Haltung; die Sarti sagt ihm das deutlich: ‚Fünfzigmal wiegt er seine Eisenstückchen ab! Aber was in seinen Kram paßt, das glaubt er blind!' (gemeint ist der ‚Beinahe' Tod des alten Papstes und die Aussicht auf den Wissenschaftler Barberini). Hier zeigt sich Galilei einverstanden mit Entwicklungen, die dem Einverständnis in die allgemeine Ausbreitung des Wissens zuwiderlaufen.

---

9 Hallet, Wolfgang: *Bertolt Brecht. Leben des Galilei, Oldenbourg-Interpretationen,* S. 40 f.

Anders gesagt, in der Wissenschaft besteht er nicht auf sich, sondern auf den Fakten, ihrer ‚vernünftigen' Gewalt; er unterwirft sich dem Argument der Tatsachen und besteht nicht auf seiner Autorität; in der Politik dagegen stellt er sich an die Seite derer, die allein die Autorität und die Person, die sie vertritt, anerkennen, und die deshalb die Person Galilei (nicht seine Wissenschaft, die ja angewendet, ausgenutzt wird), ihre Autorität durch den Widerruf vernichten müssen. Da Galilei widerruft, ist es nicht möglich, dass er seine Individualität aus seiner Unterwerfung unter die wissenschaftlichen Tatsachen neu gewinnt; im Gegenteil zerstört sie der Widerruf endgültig und untergräbt seine Autorität: er war einverstanden mit Falschem. Seine Wissenschaft, fortschrittlich und aktiv (produktiv), trifft auf eine reaktionäre Gesellschaft, rückschrittlich, reproduktiv: Galilei muss den Widerspruch persönlich ‚bezahlen', indem ihm – er tut es selbst – das Heldentum abgesprochen wird, das die Legende ihm zuwies."[10]

Galileis Individualität wird durch seinen Widerruf zerstört

Andrea

Er ist der wissbegierige Junge, klug, bereit schon Gewusstes in Frage zu stellen. Er hat eine erstaunlich schnelle Auffassungsgabe. Er ist der gelehrige Schüler, der in Galilei den adäquaten Lehrer gefunden hat, weil dieser sich Andrea gegenüber verpflichtet weiß, ihn an der Wahrheitsfindung teilnehmen zu lassen. Er muss ihm weitersagen, was er selbst als wahr erkannt hat.

Andrea: wissbegierig, klug, gelehrig

Am Anfang noch Schüler, begleitet Andrea Galilei auf seinen Stationen. Er verlässt ihn auch nicht, als die Pest droht. Er springt einfach von dem Wagen ab, der ihn in Sicherheit führen soll, und kehrt zu Galilei zurück. Gegenüber dem jungen Großherzog Co-

---

10 Knopf, Jan: *Brecht-Handbuch*, Bd. 1, S. 165 f.

simo von Medici ‚spielt' er den Lehrer und trägt den Kampf für die Wahrheit ‚kindgemäß' fast mit den Fäusten aus. Der älter gewordene Andrea ist bereits in seiner Entwicklung so weit, dass Galilei von ihm die Methode übernehmen kann, die Andrea gefunden hat, „das umgekehrte Sonnenbild auf einem Blatt Papier aufzufangen" (S. 84). Er studiert insgeheim die Theorien über die Sonnenflecken, wie sie in Holland (Fabrizius' Traktat) oder in Paris oder Prag erklärt werden, bleibt diesen Erklärungen gegenüber (zwischen Sonne und Erde vorüberziehende Sternschwärme bzw. Ausdünstungen der Sonne) aber skeptisch, weil er mit eigenen Augen den wandernden Sonnenflecken gesehen hat.

Galileis Widerruf enttäuscht ihn

Weil er Galilei als wissenschaftliche Autorität anerkennt und von dessen Reputation in ganz Europa überzeugt ist, enttäuscht und verletzt ihn Galileis Widerruf um so mehr. Virginia bringt es dem Galilei bewachenden Mönch gegenüber auf die einfache Formel:

„Er ist harmlos. Er war sein Schüler. So ist er jetzt sein Feind." (S. 118)

Andrea und Federzoni können die Machtinteressen klarer als Galilei durchschauen. Sie beide rufen dem wütend sich von Galilei absetzenden Marsili nach, er möge sie den herrschenden Adelsgeschlechtern empfehlen, denen daran gelegen sei, dass der Erde befohlen werde stillzustehen, damit „ihre Schlösser nicht herunterpurzeln" (S. 92). Und Andrea ruft frech Ludovico nach, er und seinesgleichen küsse dem Papst nur die Füße, „wenn er damit das Volk niedertritt." (ebd.)

Andrea erwartet von Galilei die heldenhafte Tat, weil er glaubt, der Widerstand Galileis gegen die Inquisition wirke wie ein Fanal. So werde deutlich, dass „es nicht mit Gewalt geht. Sie kann nicht alles! Also: die Torheit wird besiegt, sie ist nicht unverletzlich! Also: der Mensch fürchtet den Tod nicht!" (S. 112) Als Galilei dann

Fred Dueren als Andrea Sarti, Ernst Busch als Galileo Galilei in der Inszenierung des Stückes von Bertolt Brecht selbst und Erich Engel am Berliner Ensemble 1957
© ullstein bild – Abraham Pisarek

doch widerrufen hat, beschimpft er ihn: „Unglücklich das Land, das keine Helden hat! [...] Weinschlauch! Schneckenfresser! Hast du deine geliebte Haut gerettet?" (S. 113)

In der vorletzten Szene meint Andrea dann, als er erfährt, Galilei habe die *Discorsi* heimlich abgeschrieben, er müsse seine barsche Kritik und seine Verachtung gegenüber Galilei zurücknehmen. Er glaubt, nicht erkannt zu haben, dass Galilei mit seinem Verhalten eine neue Ethik begründet habe. Aber Galilei weist diese Deutung und Rechtfertigung seines Verhaltens zurück.

Aus dem einstigen Schüler des Galilei ist ein Lehrer geworden

Am Ende des Stücks, im letzten Bild, ist aus dem einstigen Schüler des Galilei ein Lehrer geworden, der – wie er selbst in der ersten Szene belehrt wurde – nunmehr die Jungen belehrt und zugleich sozial verantwortlich handelt, wenn er, der einst Galilei die Milch hinstellte, der alten Frau die Milch vor die Tür setzt. Sich zu dem Jungen umwendend, gibt er ihm die Antwort auf die Frage, ob man auf einem Stock fliegen könne:

> „Auf einem Stock kann man nicht durch die Luft fliegen. Er müßte zumindest eine Maschine dran haben. Aber eine solche Maschine gibt es noch nicht. Vielleicht wird es sie nie geben, da der Mensch schwer ist. Aber natürlich, man kann es nicht wissen. Wir wissen bei weitem nicht genug, Giuseppe. Wir stehen wirklich erst am Beginn." (S. 131)

Aus dem Schüler wurde ein Lehrer, der allerdings von sich weiß, dass er mit seinem Wissen erst am Anfang steht. Der Zuschauer weiß, dass es inzwischen Maschinen gibt, die fliegen können oder mit denen man fliegen kann. Insofern sind die Wissenschaften trotz der Schwerfälligkeit und Trägheit der Menschen ‚weitergekommen', ob aber auch ein Fortschritt darin zu verzeichnen ist, wie und von wem und zu wessen Nutzen diese Maschinen gebraucht werden, bleibt offen.

Hierüber nachzudenken, ist Aufgabe des Zuschauer-‚Schülers', der im Theater sitzt.

Federzoni

Einmal sagt Galilei: „Für die neuen Gedanken brauchen wir Leute, die mit den Händen arbeiten. Wer sonst wünscht zu erfahren, was die Ursachen der Dinge sind?" (S. 91 f.)

Linsenschleifer

Federzoni ist ein solcher Handwerker, er ist Linsenschleifer. Er stellt nicht nur die Gerätschaften für die Experimente her und kümmert sich nicht weiter um die Forschungsarbeiten des Kreises um Galilei, sondern er gehört mit zu diesem Kreis, da auch er von dem Erkenntnistrieb besessen ist. Er erfährt aber zunächst am deutlichsten, wie sehr der ‚einfache' Mann von den Wissenschaften ferngehalten wird. Es ist vor allem die Wissenschaftssprache, hier das Lateinische, dessen er nicht mächtig ist, so dass er sich aus dem Kreis der Wissenschaftler ausgegrenzt sehen muss. Sein Wissensdrang ist aber so groß, dass er immer wieder einklagt, dass man ihm die Texte übersetzt, und durch ihn wird Galilei erst bewusst, dass er seine Schriften in der Volkssprache verfassen müsste, wenn er die breite Masse für sich gewinnen will. Und genau das ist es, was die Kirche als Obrigkeit vermeiden will. Selbstbewusst tritt er auch den Hofgelehrten gegenüber als er neue Schulbücher einklagt (S. 48) oder die Gelehrten dazu auffordert, eher Erschütterer als Bewahrer dessen zu sein, was sich überlebt hat.

Vom Erkenntnistrieb besessen

Ist allerdings der Wissenschaftssprache nicht mächtig

Maßlos enttäuscht über Galileis Widerruf

Maßlos enttäuscht durch Galileis Widerruf („ich möchte nicht mehr leben, wenn er es täte, aber sie haben die Gewalt.", S. 110), wird er wieder Linsenschleifer am Ende des Stücks und überlässt die Sache der Wissenschaft den Wissenschaftlern, wie er selbst wieder der sich spezialisierende Handwerker wird.

Vanni

Eisengießer

Vanni ist Eisengießer, aber nicht wie Federzoni Handwerker, sondern er besitzt eine Gießerei. Er stellt sich Galilei vor: „Wir von der Manufaktur" (S. 100) und versichert Galilei seiner Unterstützung: „Wir [...] sind auf Ihrer Seite." (ebd.) Er sagt von sich selbst, dass er nicht „viel von den Bewegungen der Sterne" wisse, aber dafür interessiert ihn das Praktische und die Verwertbarkeit wissenschaftlicher Ergebnisse. Er und seinesgleichen schätzen die angewandten Wissenschaften und wollen sie fördern.

Am Praktischen interessiert

Vertreter des aufstrebenden Bürgertums

Mit Vanni tritt demnach ein Vertreter des aufstrebenden Bürgertums auf. In dem Kampf um die (Handels-)Freiheit sucht er zusammen mit den anderen Besitzbürgern Venedigs Galilei als einen Verbündeten und er bietet ihm folglich auch Schutz und Rettung an, als Galilei vor die Inquisition beordert wird.

> „Für mich sind Sie der Mann, der für die Freiheit kämpft, neue Dinge lehren zu dürfen. [...] Wir wären hier schon dankbar für ein Buch über die holländischen Kanäle. Dieselben Kreise, die Ihnen Schwierigkeiten machen, erlauben den Ärzten von Bologna nicht, Leichen aufzuschneiden für Forschungszwecke. [...] Wissen Sie, daß sie in Amsterdam und London Geldmärkte haben? Gewerbeschulen ebenfalls? Regelmäßig erscheinende Zeitungen mit Nachrichten. Hier haben wir nicht einmal die Freiheit, Geld zu machen. man ist gegen Eisengießereien, weil man der Ansicht ist, zu viele Arbeiter an einem Ort fördere die Unmoral! Ich stehe und falle mit Männern wie Sie, Herr Galilei. [...] erinnern Sie sich bitte, daß Sie Freunde in allen Geschäftskreisen haben." (S. 100 f.)

Galileis Irrtum über Vanni

Es gehört zu den Irrtümern Galileis, dass er auf das Angebot Vannis nicht eingeht. Vanni hat recht, wenn er Galileis Verhalten mit folgenden Worten kommentiert: „Sie scheinen Ihre Freunde nicht von Ihren Feinden auseinanderzukennen.“ (S. 101)

Und Galilei liegt falsch, wenn er sich über Vanni aufregt: „Jeder Nächstbeste mit irgendeiner Beschwerde hierzulande wählt mich als seinen Wortführer. [...] Ich habe ein Buch geschrieben über die Mechanik des Universums, das ist alles. Was daraus gemacht oder nicht gemacht wird, geht mich nichts an.“ (ebd.) Aber gerade, dass es ihn etwas anging, muss Galilei am Ende schmerzlich erkennen.

Frau Sarti

Haushälterin

Sie ist Galileis Haushälterin, ihm treu ergeben, freundlich, hilfreich, immer bedacht, Galilei zu ‚erden‘. Wenn Galilei seine Lebensbedürfnisse zu vergessen scheint, ist es Frau Sarti, die ihn daran erinnert, dass seine wissenschaftliche Tätigkeit ihm auch den Lebensunterhalt einbringen muss, denn der Milchmann – wie es leitmotivisch heißt – muss bezahlt werden. Frau Sarti ist die betont ‚lebenspraktische‘ Seite Galileis; sie ist realistisch, so kann sie durchaus auch die Gefahren, die Galilei von der kirchlichen Obrigkeit aus drohen, intuitiv richtig einschätzen.

Treu, gläubig und realistisch

Sie ist gläubig und hat keinen Anteil an der wissenschaftlichen, zweifelnden und allem prinzipiell misstrauenden Einstellung Galileis, aber ganz ‚instinktiv‘ merkt sie, welche Erschütterungen von Galileis Lehre ausgehen könnten, von dem Unsinn, den er ihren Sohn lehrt.

Vertreter des ‚einfachen‘ Volkes

Mit Frau Sarti kommt ein Vertreter des ‚einfachen‘ Volkes auf die Bühne. An ihr und auch durch die Schilderungen des kleinen Mönchs über das Leben der Bauern kann man ablesen, in welchem Aberglauben das Volk verfangen ist, wie es von der Obrigkeit domestiziert und in Unfreiheit gehalten wird. „Indem sie in der 9. wie in der 1. Szene als unverändert gläubige Tochter der katholischen

Kirche erscheint, deren ganzes Denken sich zwischen den beiden Polen ‚Sünde' und ‚ewige Seligkeit' (s. S. 90) bewegt, erweist sie sich als ‚unaufgeklärt und unaufklärbar'. An ihr scheitert der große Aufklärer Galilei mit seinem Anspruch, ‚Beweise für jedermann, von Frau Sarti bis hinauf zum Papst' (s. S. 37), zu bringen: weder die eine noch den anderen, die beiden sozialen Enden der Gesellschaft repräsentierend, kann er gewinnen."[11] Ein äußerst sympathischer Zug an ihr ist, – und er verrät vielleicht sogar eine nie ausgesprochene Liebe für Galilei, die Frau Sarti hegt –, dass sie zu dem Ketzer Galilei hält, auch wenn es ihre ewige Seligkeit kosten sollte. Sie sagt ganz resolut Galilei ins Gesicht:

> „Wenn ich meine ewige Seligkeit einbüße, weil ich zu einem Ketzer halte, das ist meine Sache, aber du hast kein Recht, auf dem Glück deiner Tochter herumzutrampeln mit deinen großen Füßen!" (S. 90)

Virginia

Hang zum Aberglauben

Sie ist Galileis Tochter. Sie gleicht Frau Sarti in ihrer Unwissenheit, ihrem Hang zum Aberglauben und darin, dass für sie die Lehre der katholischen Kirche unerschütterlich ist. So ist für sie die Arbeit des Vaters der Abfall vom Glauben, und sie betet um sein Seelenheil, das sie gefährdet sieht, wenn Galilei nicht widerruft.

Galilei begegnet ihr äußerst barsch und unverständig. Es ist seine Schuld, dass er sich für die Belehrung seiner Tochter keine Zeit nimmt, die er allerdings für Andrea, seinen ‚Sohn', hat. Er glaubt, in ihren Augen sei das Fernrohr nur ein Spielzeug, und einmal nennt er sie sehr direkt „nicht intelligent" (S. 31).

---

11 Hallet, Wolfgang: *Bertolt Brecht. Leben des Galilei, Oldenbourg-Interpretationen*, S. 52 f.

Er setzt sie allerdings manchmal taktisch ein. So lässt er dem Rat von Venedig durch ihre Hände das Fernrohr präsentieren. Und im Palast des Kardinals Bellarmin in Rom entgegnet er Virginias Wunsch, hübsch auszusehen: „Du mußt, sonst zweifeln sie sofort wieder, daß sie sich dreht." (S. 64) Schließlich sind ihm seine Forschungsinteressen mehr wert als Virginias Verlobung und die geplante Heirat mit Ludovico, die in dem Augenblick von Ludovico aufgelöst wird, als Galilei erneut seine Studien zum kopernikanischen System aufnimmt. Frau Sarti hält daraufhin Galilei vor, er trample auf dem Glück seiner Tochter herum, wozu er kein Recht habe. Aber Galilei tut dies ab mit der mürrischen Bemerkung: „Bringt das Teleskop!" (S. 90) Und dem Vorwurf der Tochter „Du hast ihn weggeschickt, Vater!" entgegnet Galilei mit einem nicht einmal an seine Tochter gerichteten: „Ich muß es wissen." (S. 93)

Galilei setzt seine Tochter taktisch ein

Als sich Virginia sowohl von Vater als auch Verlobtem versetzt sehen muss, verschreibt sie sich ganz Gottvater und seinen irdischen Dienern. Sie wird zum Spitzel, ohne es so recht zu wissen, wie sie schon früher ihren Beichtvater unschuldig dem Kardinal Inquisitor genannt hat. Sie stellt sich der Kirche zur Verfügung und kehrt die früheren Verhältnisse um:

Sie stellt sich der Kirche zur Verfügung

> „der Vater ist nun in jeder Hinsicht auf die Tochter angewiesen; ‚Haushälterin, ist sie zugleich Seelsorgerin'; und auf der Grenze zwischen Fürsorge und Aufsicht erscheint sie als Vormund, der alles für sein Mündel organisiert: seine Geschäfte und Besuche, seine Korrespondenz und seine Diktate, seine Arbeit und seine Ruhe ebenso wie sein Essen."[12]

---

12 ebd., S. 55.

Einer der Fehler, die sich Galilei zuschulden kommen lässt, ist, dass er zwar das große Glück einer neuen Zeit heraufbeschwören will, dabei aber das kleine Glück vergisst.

Ludovico

Vertreter des Landadels

Er gehört zum Landadel, zu den Großgrundbesitzern, damit zur herrschenden Klasse, die die Kirche braucht, damit sie ihr Tun ideologisch verschleiert. Er weiß darum, wie schwer die Arbeit den Landarbeitern seiner Eltern fällt. Er durchschaut durchaus die Ausbeutung, die seinesgleichen betreibt; aber er kaschiert sein Tun damit, dass er sich sein Handeln von der Kirche absegnen lässt und von den Mühen der Unterdrückung spricht.

Kein Interesse an den Wissenschaften

Er kämpft gegen jede Art von Aufklärung, die seine gesellschaftliche Position verunsichern bzw. in Frage stellen könnte. Die Wissenschaften interessieren ihn keinesfalls. Sein Interesse an den Forschungen Galileis ist nur vorhanden, weil ihm die Mutter nahegelegt hat, bei Galilei auf seiner ‚Bildungsreise' einige Stunden Unterricht zu nehmen, damit er an der gepflegten Konversation seines Standes eben standesgemäß teilnehmen kann. Ansonsten interessiert ihn an den Wissenschaften überhaupt nichts. Sein Interesse gilt – wie er selbst eingesteht – viel mehr den Pferden. Für Virginia interessiert er sich nur so lange, wie sie für ihn eine ‚gute' Partie ist, die Tochter eines Vaters, dem der Ruf vorausgeht, der größte lebende Physiker in Europa zu sein. Als aber Galilei sich den Forschungen zu den Sonnenflecken erneut zuwendet, weil er vermutet, Barberini werde der Nachfolger des im Sterben liegenden Papstes, verlässt er Virginia und den Kreis um Galilei sofort, weil er befürchten muss, dass Galilei seiner Klasse der Feudalherren, der er zugehört, Schaden zufügen wird, weil nunmehr jeder Landarbeiter die herrschenden Herrschaftsverhältnisse hinterfragen könnte. Ludovico vermag sogar richtig einzuschätzen, wie weit der Papst von den Feudalherren abhängig ist:

Ludovico schätzt Abhängigkeit des Papstes von den Feudalherren richtig ein

> „Sollte Seine Heiligkeit sterben, Herr Galilei, wird der nächste Papst, wer immer es sein wird und wie groß immer seine Liebe zu den Wissenschaften sein mag, doch auch beachten müssen, wie groß die Liebe ist, welche die vornehmsten Familien des Landes zu ihm fühlen." (S. 89)

Barberini

Wissenschaftler

Damit hat Ludovico völlig unbeabsichtigt vorausgenommen, wie Barberini, der von Hause aus selbst Wissenschaftler ist, dann doch als Papst handeln muss. Er muss, auch wenn er die Rechentafeln nicht zerbrechen lassen will, schließlich darin einwilligen, dass man Galilei die Instrumente zeigt, denn er ist, sobald er in den päpstlichen Ornat eingekleidet ist, ganz in die Zwänge der Institution genommen und kann nicht mehr so handeln, wie er es eigentlich möchte. Eigentlich ist nicht der Papst der Mächtigste, der Mächtigste ist vielmehr der Inquisitor, aber auch er ist wiederum abhängig von der Unterstützung, die die Kirche von den Feudalherren erfährt. In deren Interesse und zum eigenen Machterhalt müssen sie den Status quo bewahren, müssen sie trotz der Ergebnisse des Pater Clavius den Stillstand der Erde wieder einrenken (s. S. 63).

In den Zwängen der Institution

Die Hofgelehrten

Eingeschworene Aristoteliker

Sie sind eingeschworene Aristoteliker. Für sie hat die Philosophie des Aristoteles eine unangreifbare Autorität. Sie setzen nicht auf Erfahrung und lassen allenfalls die Beobachtungen zu, die sich in die vorgegebene Theorie einpassen lassen. Ein Blick durch das Fernrohr ist für sie irrelevant, denn sie wissen im Vorhinein, wie

Lassen Empirie nicht gelten

sich die Sterne bewegen, sind nicht bereit, ihre Vormeinung durch die Empirie zu korrigieren. Eher unterstellen sie Galilei, sie durch eine Manipulation am Fernrohr zu täuschen.

Sagredo

Wissenschaftler, Freund Galileis

Sagredo ist ein Wissenschaftler, den mit Galilei eine tiefe Freundschaft verbindet. Er ist, anders als die Hofgelehrten, bereit, durch das Fernrohr zu blicken. Aber er begegnet diesem Instrument mit Furcht (s. S. 31), denn er weiß um die Gefahren, in die sich Galilei mit seinen Erkenntnissen begibt. Während Galilei ganz davon überzeugt ist, dass die Menschen nicht der „sanften Gewalt der Vernunft" (S. 34) ausweichen können, vermag Sagredo die Machtverhältnisse wesentlich realistischer einzuschätzen. Er mahnt Galilei, indem er ihn nochmals an das Ende von Giordano Bruno, den Tod durchs Feuer, erinnert. Er mahnt ihn auch, nicht nach Florenz an den Mediceischen Hof zu gehen, denn Florenz steht Rom nahe, „dort herrschen die Mönche" (S. 38) und der Großherzog ist gerade neun Jahre alt. Aber Galilei überhört in seiner Verblendung all diese Warnungen und sagt definitiv: „Wenn sie mich nehmen, gehe ich." (S. 39)

Schätzt die Gefahren der Lehre Galileis realistisch ein

Sagredo gehört eine längere Passage in dem abschließenden Gespräch mit Galilei, in der er prophetisch das Ende des Stückes eigentlich vorwegnimmt:

> „Galilei, ich sehe dich auf einer furchtbaren Straße. Das ist eine Nacht des Unglücks, wo der Mensch die Wahrheit sieht. Und eine Stunde der Verblendung, wo er an die Vernunft des Menschengeschlechts glaubt. Von wem sagt man, daß er sehenden Auges geht? Von dem, der ins Verderben geht. Wie könnten die Mächtigen einen frei herumlaufen lassen, der die Wahrheit weiß, und sei es eine über die entferntesten Gestirne! Meinst

du, der Papst hört deine Wahrheit, wenn du sagst, er irrt, und hört nicht, daß er irrt? Glaubst du, er wird einfach in sein Tagebuch einschreiben: 10. Januar 1610 – Himmel abgeschafft? Wie kannst du aus der Republik gehen wollen, die Wahrheit in der Tasche, in die Fallen der Fürsten und Mönche mit deinem Rohr in der Hand? So mißtrauisch in deiner Wissenschaft, bist du leichtgläubig wie ein Kind in allem, was dir ihr Betreiben zu erleichtern scheint. Du glaubst nicht an den Aristoteles, aber an den Großherzog von Florenz. Als ich dich vorhin am Rohr sah und du sahst diese neuen Sterne, da war es mir, als sähe ich dich auf brennenden Scheiten stehen, und als du sagtest, du glaubst an die Beweise, roch ich verbranntes Fleisch. Ich liebe die Wissenschaft, aber mehr dich, meinen Freund." (S. 38 f.)

Der kleine Mönch

Mathematiker

Der kleine Mönch hat Mathematik studiert. Er ist derjenige, der Galilei nach der Sitzung des Collegiums Romanum den Ausspruch des päpstlichen Astronomen zugeflüstert hat. Nach dem Dekret, durch das Galilei gezwungen wird, die Lehre des Kopernikus aufzugeben, hat er versucht, in die „Weisheit des Dekrets" (S. 74) einzudringen, und er glaubt nun erkannt zu haben, welche Gefahren ein allzu hemmungsloses Forschen in sich birgt. Er, „eines armen Bauern Kind" (S. 74), hat darum der Astronomie entsagt, aber es ist ihm noch ein Anliegen, Galilei die Beweggründe zu unterbreiten, „die auch einen Astronomen dazu bringen können, von einem weiteren Ausbau der gewissen Lehre abzusehen." (S. 75)

Kind armer Bauern

Er meint, man dürfe den geschundenen, armen Menschen nicht den Glauben nehmen, dass das Auge eines gnädigen Gottes auf ihnen ruhe. Durch die Entfesselung der Wissenschaften und die Verbreitung der Lehre des Kopernikus müssten sie endgültig den inneren Halt verlieren, den sie sich bewahren konnten. Sie sähen

Arme Menschen verlören endgültig inneren Halt durch Galileis Lehre

sich betrogen und belogen und müssten in Frage stellen, dass jene Rolle, die sie in ihrem irdischen Leben einnehmen, ihnen von Gott vorgeschrieben wurde. Dem sind sie noch bereit, sich zu beugen. Das Verhehlen der Wahrheit sieht der kleine Mönch als einen legitimen, wohlgemeinten Akt des „mütterlichen Mitleids" (S. 76) der Kirche. In einer Hellsichtigkeit und Einsichtigkeit in die Situation der Zeit vermag ihm Galilei daraufhin zu antworten:

„Zum Teufel mit der Perle, ich ziehe die gesunde Auster vor."

> „Zum Teufel mit der Perle, ich ziehe die gesunde Auster vor. Tugenden sind nicht an Elend geknüpft, mein Lieber. Wären Ihre Leute wohlhabend und glücklich, könnten sie die Tugenden der Wohlhabenden und des Glücks entwickeln. Jetzt stammen diese Tugenden Erschöpfter von erschöpften Äckern, und ich lehne sie ab. Herr, meine neuen Wasserpumpen können da mehr Wunder tun als ihre lächerliche übermenschliche Plackerei. […] Würde ich mich zum Schweigen bereit finden, wären es zweifellos recht niedrige Beweggründe; Wohlleben, keine Verfolgung etc." (S. 77)

Und auf die Frage des kleinen Mönchs hin, ob er meine, dass die „Wahrheit, wenn es die Wahrheit ist, sich durchsetzt, auch ohne uns?" antwortet Galilei ganz entschieden:

> „Nein, nein, nein. Es setzt sich nur so viel Wahrheit durch, als wir durchsetzen; der Sieg der Vernunft kann nur der Sieg der Vernünftigen sein." (S. 78)

Was Galilei hier sagt, entspricht dann jener Erkenntnis, die er erst wieder ganz am Ende des Stücks gegenüber Andrea formuliert. Eben nicht geholfen zu haben, die Wahrheit mit seiner Person durchgesetzt zu haben, vielleicht auch unter Aufopferung seiner

Person, das ist der Fehler Galileis, den er später einsieht. Im Gespräch mit dem kleinen Mönch deutet sich an, dass Galilei seinen eigentlichen Verbündeten, den Armen und den besitzenden Bürger, kennt. Aber er verzichtet auf das Bündnis und er verzichtet darauf, eine neue Ethik der Wissenschaften zu begründen, wie es nötig wäre.

3.5 Sachliche und sprachliche Erläuterungen

Erläuterung einzelner Stellen

Personen

S. 6	**Kurator**	Beamter in der Universitätsverwaltung
	Linsenschleifer	Schleifer optischer Linsen
	Doge	Oberhaupt der Republik Venedig
	Cosmo de Medici	gemeint ist Cosimo de' Medici II, (1590–1621), der 1609 mit 19 Jahren IV. Großherzog der Toskana wird und den Galilei als Prinzen unterrichtet hat
	Hofmarschall	Beamter bei Hofe, der das fürstliche Hauswesen leitet
	Lakai	Diener
	Clavius	Jesuitenpater (1537–1612), der im Collegium Romanum die Überprüfung der Entdeckungen Galileis leitete
	Inquisitor	Richter der Inquisition, des Gerichts der kath. Kirche gegen Abtrünnige
	Barberini	Kardinal Carlo Maffeo Barberini (1568–1644), Wissenschaftler, der Galilei sehr schätzte; am 6. 8. 1623 zum Papst gewählt; als Urban VIII. betreibt er Galileis Verurteilung durch die Inquisition
	Bellarmin	Kardinal Roberto Bellarmin (1542–1621), einer der führenden Theologen seiner Zeit teilt Galilei am 26. 2. 1616 im Auftrag des Papstes mit, dass Galilei die kopernikanische Lehre nur noch als hypothetische Betrachtung verfolgen darf
	geistliche Sekretäre	Geheimschreiber, der Inquisition zuarbeitend

S. 6	**Rektor**	Leiter der Universität
	Balladensänger	in der Öffentlichkeit auftretender Sänger von Balladen

Szene 1

S. 7	**kopernikanisches Weltsystem**	das von Nikolaus Kopernikus (1473–1543) begründete heliozentrische Weltbild, nach dem sich die um ihre eigene Achse drehende Erde und andere Planeten um die Sonne und nicht, wie im ptolemäischen Weltbild, die Sonne um die Erde dreht
	Wecken	Brötchen
	Ptolemäisches System	das von Claudius Ptolemäus (ca. 90–168), Geograf, Mathematiker, Astronom, begründete geozentrische Weltbild, nach dem die Erde den Mittelpunkt bildet, von den sieben Planeten umkreist
S. 8	**Astrolab**	ein von den Arabern erfundenes Messgerät, mit dessen Hilfe die Längen, Breiten und Winkel der Himmelskoordinaten bestimmt werden können
	kristallne Sphären	das Weltall stellt eine große Kugel dar, die aus ineinander liegenden Kristallschalen besteht
S. 9	**neue Kontinente**	Amerika, durch Christoph Columbus 1492 entdeckt
	Siena	Galilei hielt sich von 1585–1589 als Privatgelehrter in Siena auf
	Disput	Streitgespräch
	Prälaten	ranghohe Geistliche innerhalb der katholischen Kirche
S. 14	**Campagna**	fruchtbare Landschaft um Rom herum
	Skudi	italienische Münze

S. 15	**konkav/konvex**	nach innen/außen gewölbt
S. 17	**Cremonini**	Caesar Cremonini, Professor für Philosophie und Mathematik an der Universität von Padua, wurde mehrfach wegen seiner wissenschaftlichen Arbeiten bei der Inquisition denunziert
	Giordano Bruno	geboren 1548 in Nola, deshalb auch der Nolaner genannt; vertritt eine auf den Entdeckungen des Kopernikus beruhende Lehre; er wurde 1576 der Ketzerei angeklagt, flüchtete, fiel dann aber bei seiner Rückkehr aus dem Ausland der Inquisition in die Hände, wurde nach Rom verschleppt, dort wurde ihm der Prozess gemacht, u. a. weil er die Unendlichkeit der Welt und eine Vielheit von Welten behauptete; zum Tode verurteilt wurde er öffentlich am 17. 2. 1600 verbrannt
S. 18	**Herren von der Signoria**	Vertreter der venezianischen Regierung (Signoria)
	Colombe	der Philosoph und Mathematiker Ludovico delle Colombe aus Florenz war ein erklärter Feind Galileis
S. 19	**Proportionalzirkel**	Vorläufer des Rechenschiebers
S. 22	**Campanile**	frei stehender Glockenturm
	Gracia dei	Gott sei Dank

Szene 2

S. 23	**Teleskop**	Fernrohr
	Arsenal	Zeughaus von Venedig, Schiffswerft
	Sagredo	Giovanni Francesco Sagredo (1571–1620), venezianischer Ratsherr und Vertrauter Galileis

Szene 3

S. 31	**Filze**	Geizhälse
	Aussteuer	Brautausstattung, Heiratsgut
	Klafter	altes Längenmaß, Spannweite der seitwärts gestreckten Arme
S. 32	**vier kleinere Sterne**	Jupitermonde
	eine andere Sonne	der Planet Jupiter
S. 33	**drei Jahre in Pisa**	Galilei war von 1589–1592 an der Universität in Pisa Professor für Mathematik

Szene 4

S. 43	**Miasmen**	giftige Ausdunstungen der Erde, die Seuchen verursachen sollten; Gifthauch
S. 44	**epizyklische Bahn**	Kurve, die von einem auf einem Kreis befindlichen Punkt beschrieben wird, wenn dieser Kreis rollt; so sollte sich im ptolemäischen System die scheinbare Bewegung der Planeten berechnen lassen, indem eine aus Haupt- und Nebenkreis (Epizykel) zusammengesetzte Bewegung geometrisch dargestellt wird
S. 45	**applizieren**	anwenden
S. 46	**Satellitentafeln**	Zeittabellen, auf denen die Stellung der Planeten gegenüber der Erde aufgezeichnet wird
	Katalog	Sternkarten, auf denen mit Hilfe der Sternbilder die Position der Fixsterne festgehalten ist
	celestialer Globus	Himmelskugel

S. 48	**Kirchenväter**	frühchristliche Schriftsteller, die in der Kirche als verbindliche Lehrzeugen gelten. Nach den Kriterien Rechtgläubigkeit, Heiligkeit des Lebens und Anerkennung durch die Kirche wurden sie als Kirchenväter bezeichnet
S. 50	**Päpstliches Collegium in Rom**	Forschungsinstitut des Vatikans

Szene 5

S. 51	**Arcetri**	kleiner Ort in der Nähe von Florenz, Wohnort Galileis
	Kalesche	leichter, vierrädriger Einspänner mit Klappverdeck
S. 53	**Englischer Gruß**	Ave, Maria; bzw. das Gebet: ‚Gegrüßt seiest Du, Maria […]'
S. 56	**Ursulinerinnen**	von Angela Merici (1471–1540) gegründete, sich nach der heiligen Ursula benennende Ordensgemeinschaft, die sich vor allem der Kranken- und Armenpflege wie der Ausbildung von Mädchen annahm

Szene 6

S. 58	**Schusser**	Murmel, Spielkugel
	Sancta simplicitas!	Heilige Einfalt!
S. 59	**neuer Stern**	gemeint ist der von David Fabrizius 1572 entdeckte Stern, der im Zusammenhang mit Keplers Behauptungen von den Astronomen Europas heftig diskutiert wurde
	Tycho Brahe	dän. Astronom (1546–1601); Erbauer einer Sternwarte; seine Marsbeobachtungen und seine genauen Messungen verhelfen u. a. Kepler zur Aufstellung seiner Theorie

S. 60	**Principiis obsta**	Wehret den Anfängen!
	Tafeln des Kopernikus	mit ihrer Hilfe konnten genauere Angaben über die Stellung der Sterne gemacht werden
	Sonne, stehe still […]	s. Josua 10, 12
S. 61	**sein Sohn**	Jesus, der Erlöser

Szene 7

S. 64	**Index**	Verzeichnis der verbotenen Bücher (Index librorum prohibitorum)
	Vestibül	Vorhalle, Treppenhalle
	Thais	verführerische Frau im Umkreis Alexander des Großen, die ihn dazu veranlasst haben soll, die Stadt Persepolis zu zerstören
S. 65	**Adonis**	in der griechischen Mythologie ein schöner Jüngling, der Geliebte Aphrodites
	Via del Trionfo	Straße des Triumphs
	Lorenzo di Medici	Großherzog der Toskana (1449–1492), einer der bedeutendsten Dichter seiner Zeit in Italien
S. 66	**die Orsinis […] Colombinis**	berühmte, wichtige und mächtige italienische Adelsgeschlechter
	Die Sonne geht […] zurück	s. Prediger, 1, 5
	Krätze	durch die sich in die Haut einbohrende Krätzemilbe hervorgerufene Hautkrankheit
	Wer aber das Korn […] fluchen	s. Sprüche 11, 26
	Der Weise […] Wissen	s. Sprüche 12, 23

S. 67	**Wo da Ochsen […] Ochsen**	s. Sprüche 14, 4
	Der seine Vernunft […] nimmt	s. Sprüche 16, 32
	Des Geist […] Gebeine	s. Sprüche 17, 22
	Schreitet […] laut	s. Sprüche 8, 1
	Kann man […] nicht	s. Sprüche 6, 28
	Zwei Knäblein	die Sage von Romulus und Remus
S. 70	**Heilige Kongregation**	Gemeinschaft der Kardinäle
	Wissenschaft […] Tochter der Kirche	Die Wissenschaft ist nur die Tochter bzw. die Magd der (Mutter-)Kirche
S. 71	**superb**	hervorragend

Szene 8

S. 76	**Soutane**	langer Rock der katholischen Geistlichen
S. 77	**Cellini**	Benvenuto Cellini (1500–1571) berühmter florentinischer Goldschmied und Bildhauer
	offerieren	anbieten
S. 78	**Priap**	griechisch-römischer Fruchtbarkeitsgott
	Horaz	römischer Dichter
	Esquilinische Gärten	kunstvoll angelegte Gärten des Maeceneas

Szene 9

S. 80	**Schaff**	offenes Gefäß
S. 82	**Aszendente**	aufgehende Gestirne, in der Astrologie das Tierkreiszeichen, das bei der Annahme einer scheinbar täglichen Bewegung der Himmelskugel um die Erde zu dem Zeitpunkt, für den das Horoskop erstellt werden soll, über dem Horizont des Beobachtungsortes steht
S. 83	**De maculis in sole**	der Titel des Buches von dem Astronomen und Theologen Johann Fabrizius (1587–1615) lautet *Narratio de maculis in sole observatis et apperente earum cum sole conversione* = ‚Mitteilung über jene Flecken, die auf der Sonne zu beobachten sind und die mit dem Umlauf der Sonne sichtbar werden‘
S. 87	**Heiliger Vater im Sterben liegt**	Papst Gregor XV. (1554–1623)
	Heiliger Stuhl	der Stuhl Petri: das Amt des Papstes
S. 90	**Observationen**	Beobachtungen
	Mariae Empfängnis	8. Dezember
S. 91	**Ich könnte […] schreiben**	tatsächlich schreibt Galilei seine Abhandlungen über schwimmende Körper (1612), über die Sonnenflecken (1613) und den *Dialogo* (1632) in italienischer Sprache

Szene 10

S. 94	**Pamphletisten**	Verfasser von Pamphleten, von Schmäh- oder Streitschriften
S. 96	**Brotkipf**	an den Enden spitz zulaufendes Weizengebäck (Kipfel)
S. 97	**exaltiert**	überschwänglich
S. 98	**Blache**	Plane

Szene 11

S. 99	**deinem Buch**	Galileis *Dialogo* (1632)
S. 100	**Kultivator**	Hacke zum Auflockern der Erde
	Geldmärkte	Börsen

Szene 12

S. 106	**spanische Politik**	Spanien hatte große Teile Italiens erobert, als sich Süditalien gegen Spanien erhob, stellte sich der Papst auf die Seite Spaniens
	das Zerwürfnis mit dem Kaiser	gemeint ist das Zerwürfnis mit dem habsburgischen Kaiser Ferdinand II., mit dem es zum Streit über die Erbfolge im Herzogtum Mantua kommt
	Fleischbank	die Folgen des Dreißigjährigen Krieges (1618–48) in Deutschland
	mit dem lutherischen Schweden	der Papst versucht, mit dem schwedischen König, Gustav Adolf II., in geheimen Kontakt zu treten, obwohl der König auf der protestantischen Seite kämpft, aber die Machtinteressen der römischen Kirche sah man durch die habsburgische Politik bedroht
	Kollekten	von den Gläubigen eingesammelte Geldspende
	über die Maschinen geschrieben	Galileis erst 1634 veröffentlichte, aber bereits 1593 verfasste Schrift *Le Meccaniche*
S. 107	**Weberschifflein**	ein mit einer Spule versehenes Gerät, mit dem der Schussfaden durch die Kettfäden gezogen wird
	Idiom	Redeweise
	Versailles […] Wiener Hof	sowohl der französische als auch der Wiener Hof setzen sich beim Papst für Galilei ein
S. 108	**Ornat**	hier: festliche Kleidung des Papstes

Szene 13

S. 109	**Englischer Gruß**	‚Gegrüßt seiest Du, Maria.'
S. 110	**hieme et […] ultra**	‚Im Winter und im Sommer, nah und fern, solange ich lebe und darüber hinaus.'
S. 111	**Sankt Markus**	die römische Kirche San Marco
S. 114	**Ist es nicht klar […] irrig**	den Text entnimmt Brecht den ersten Seiten der *Discorsi*

Szene 14

S. 117	**Sintemalen**	da
	Paulus sagt	s. 2. Korinther 1, 15
	Wenn ich […] stark	s. 1. Korinther 4, 10
	Imitatio	Anspielung auf das Werk des Thomas von Kempis *De imitatione Christi* (1415)
S. 119	**Hydraulik**	Lehre von der Bewegung von Flüssigkeiten
	Descartes	die Abhandlung des französischen Philosophen und Naturwissenschaftlers René Descartes (1596–1650) über *Die Welt des Herrn Descartes oder Abhandlung über das Licht und die anderen Hauptgegenstände der Sinnenwelt* erscheint erst 1664, also lange nach Descartes' Tod, denn er hatte die schon lange fertig gestellte Abhandlung angesichts der Verurteilung Galileis zurückgehalten
S. 121	**Unze**	Münzeinheit
	Wenn dich […] aus	s. Matthäus 18, 9 u. 5, 29
S. 123	**Gloriole**	Heiligenschein
S. 125	**Machinationen**	Machenschaften
	Katheder	Podium, Lehrerpult

3.6 Stil und Sprache

ZUSAMMEN-FASSUNG

- → Brecht lässt Galilei sich an die Sprache der *Discorsi* halten.
- → Galilei wählt teilweise einen sehr volkstümlichen Ton.
- → Im Stück befinden sich viele sprachliche Leitmotive, v. a. aus dem Bereich des Sehens, womit auch das ‚Sehen' des Zuschauers indirekt angesprochen wird.

Vermittlung wissenschaftlicher Einsichten in der Sprache des Volkes

„Brechts Sprache, immer gerühmt und an der Bibel geschult, hat im Galilei eine besondere Ausprägung. Er hat sich an die klare und anschauliche Ausdrucksweise der historischen Personen gehalten, die in den ‚Discorsi' überliefert ist. Galilei ist in der Lage, in der Sprache des Volkes wissenschaftliche Einsichten zu vermitteln. Andererseits spielt er, die Hohlheit ironisch entlarvend, mit den Formen des wissenschaftlichen Disputs (s. 4. Bild). Nur an einer Stelle kulminiert sein Ausdruck in gewaltigen Bildern, nämlich in seiner Selbstverurteilung (S. 124). Andrerseits gibt es Stellen einer vollkommenen Symbolik, so wenn zweimal die Frage gestellt wird, wie die Nacht sei, und die Antwort lautet: ‚Hell' (im 3. und im vorletzten Bild)." [13]

Leitmotive

Durch den Text ziehen sich ganz bestimmte Motive: Leitmotive.

---

13 Schrembs, Edigna: *B. Brecht: Leben des Galilei.* In: Kleines Deutsches Dramenlexikon, hrsg. von J. Lehmann, Königstein/Ts. 1983, S. 31.

Die Milch

Wie Brecht den Umgang mit solchen Motiven gestaltet, sei zunächst an dem Beispiel ‚Milch' gezeigt. Die ersten Worte in dem Drama sind:

> „Galilei: Stell die Milch auf den Tisch, aber klapp kein Buch zu.
> Andrea: Mutter sagt, wir müssen den Milchmann bezahlen. Sonst macht er bald einen Kreis um unser Haus, Herr Galilei.
> Galilei: Es heißt: er beschreibt einen Kreis, Andrea." (S. 7)

In dieser kurzen Dialogpartie, während derer sich Galilei den Oberkörper wäscht, „prustend und fröhlich" (S. 7), werden bereits wichtige Grundkonstellationen des Dramas durchgespielt. Auf der einen Seite steht die Milch, auf der anderen Seite das Buch. Andrea, so fordert ihn Galilei auf, soll einerseits die Milch auf den Tisch stellen, aber trotzdem nicht das Buch zuklappen. Beides soll zugleich geleistet werden. Galilei will und muss sich ernähren. Er bedarf – auch als Wissenschaftler – dieser ‚materiellen' Basis, denn er ist nicht reines ‚Geist'-Wesen, sondern als Wissenschaftler ein Mensch, der seinen leiblichen Bedürfnissen genauso nachkommen muss und will wie seinen geistigen, denn – wie sich später herausstellt und wie es sich hier bereits in der Sinnlichkeit des Waschvorgangs zeigt – Galilei isst gern und er denkt gern. Sein Denken ist geradezu sinnlich, es ist ihm eine Lust zu denken. Und so wie er lustvoll und ‚gierig' isst, ist er auch von einer letztlich nicht stillbaren Neu-‚Gier' getrieben.

Milch und Buch

Materie und Geist

Aber die Milch, ein weiterer Aspekt, muss auch bezahlt werden. Zumindest Andreas Mutter erinnert Galilei an diesen Teil seiner Existenz. Galileis Tätigkeit, seine Wissenschaft, betreibt er nicht im gesellschaftslosen Raum, sondern seine Tätigkeit muss in der Gesellschaft und von der Gesellschaft so honoriert werden, dass er auch den Milchmann bezahlen kann. So sind Galilei und seine Wissenschaft eingebunden in die Zwänge der Gesellschaft, und dies sind im wesentlichen Macht- und damit indirekt auch ‚Geld'-Konstellationen.

Auch Galilei ist in die Zwänge der Gesellschaft eingebunden

Und noch ein weiterer, für das Drama wichtiger Aspekt scheint schon in der oben zitierten Dialogpartie am Anfang des Dramas auf: Galilei ist Wissenschaftler und zugleich ein Wissenschaftler, der Lehrer ist, und seine Lehre ist u. a. eine sprachliche Belehrung, denn es geht ihm darum, den Dingen den richtigen Namen zu geben, damit sie so, richtig benannt, auch richtig erkannt werden können.

Richtige Benennung ist Voraussetzung für richtige Erkenntnis

Geht man dem Motiv der Milch und seiner leitmotivischen Verwendung weiter nach, kann man folgende Beobachtungen machen:

Milch in verschiedenen semantischen Bezügen

> „Leitmotivisch taucht von der ersten bis zur letzten Szene immer wieder ‚Milch' auf in verschiedenen semantischen Bezügen. Die Weite dieses semantischen Bezugs zeigt sich im Gebrauch des Wortes in 2 und 10. Galileis Erwähnung der Milchstraße in 2 und die Milch der Pächterfrau in 10 haben mehr als bloß zufälligen semantischen Bezug. Wie schon die Milchmann-Metapher in der ersten Szene und am Ende derselben das Beispiel von der Frau, die ihrem Kind die Milch reicht, zeigen, haben derartige Analogiebeziehungen die Funktion, die Zusammenhänge aufzuzeigen zwischen oben und unten, um, was scheinbar bloße Analogie ist, in seiner komplexen Kausalität zu reflektieren. Zwar sagt Galilei später mit Recht: Die Monde des Jupiters verbilligen nicht die Milch. So einfach ist die Kausalität nicht. Aber die Folgerungen, die der Mann auf

der Straße daraus zieht, könnten sehr wohl dazu führen, dass alle ihre Milch bekommen. Das Verhältnis zwischen der Milchstraße und der Milch der Pächterfrau ist kein astrologisches, sondern ein gesellschaftliches." [...] Nochmals erscheint das Leitmotiv Milch, in eindrucksvoller Symbolik das Zentralmotiv wiederholend: inhumane Macht und humane Wissenschaft. Rom, Verkörperung inhumaner Macht, führt seinen Ursprung zurück auf zwei Knäblein, die, ‚so geht die Mär, empfingen Milch und Zuflucht von einer Wölfin. Von der Stund an müssen alle Kinder der Wölfin für ihre Milch zahlen'. Die Macht, die als Bundesgenossen den Aberglauben braucht, widerlegt der Wissenschaftler Andrea mit einer humanen Geste: er stellt einen Krug Milch vor die Tür der als Hexe verschrieenen Alten."[14]

Das Sehen

Ein weiteres Motiv, das leitmotivisch durchgeführt wird, ist das des Sehens. Auch davon ist bereits in der ersten Szene in mehrfacher Hinsicht die Rede. Am deutlichsten ist jene Stelle, wo Galilei zu Andrea sagt: „Du siehst gar nichts. Du glotzt nur. Glotzen ist nicht sehen." (S. 11) Und kurz darauf erklärt Galilei gegenüber seiner Haushälterin, die ihn fragt, was er eigentlich mit ihrem Jungen mache (S. 11): „Ich lehre ihn sehen." (S. 12)

„Glotzen ist nicht sehen."

Sehen lehren

Was meint er mit ‚sehen'? Galilei wendet sich gegen die Annahme, man könne vom bloßen Augenschein der Dinge zu ihrem Zusammenhang und zu ihren Ursachen vorstoßen. Dem Schein zu verfallen, heißt für Galilei: stupide glotzen.

‚Sehen' oder jemanden das ‚Sehen' lehren, ihn zum ‚Sehen' anzuleiten, bedeutet aber auch, ihm klarzumachen, dass er sich etwas genau ansehen muss, wozu vor allem gehört, es von Sei-

---

14 Nägele, Rainer: *Zur Struktur von Brechts ‚Leben des Galilei'*, S. 95 f. u. 98.

ten zu sehen, die bislang nicht in den Blick gekommen sind. ‚Sehen' meint: den automatisierten Blick zu verlieren, etwas bewusst verfremden, um ihm die unhinterfragte Selbstverständlichkeit zu nehmen. Was bislang als ‚natürlich' und unabänderbar galt, muss in seiner Veränderbarkeit und in seiner ‚Un'-Natürlichkeit in den Blick genommen werden.

Sehen: Bewusste Verfremdung

Das Sehen als Selbstreflexion des Theaters

Das Sehen wird damit zur Selbstreflexion des Theaters, denn Brechts Theater will belehren, indem es neu sehen lehrt. Schon im Gespräch Galilei – Andrea thematisiert Brecht die Leistung seines eigenen Theaters. Wie Galilei will auch er den Zuschauer sehend machen, der Zuschauer soll sehen lernen, nicht weiter glotzen. So verwundert es nicht, dass Brecht früher schon, bei der Aufführung seines Stückes *Trommeln in der Nacht* an die Wände des Theaters hatte schreiben lassen ‚Glotzt nicht so romantisch!'

„Glotzt nicht so romantisch!"

Galilei führt handelnd vor, was er an neuem Wissen seinem Schüler mitzuteilen hat. „Er doziert nicht, wie die anderen Gelehrten, sich auf Aristoteles verlassend, er führt vor und macht vorführend die neue Sicht einsichtig. Entscheidend ist dabei, dass alles Wissen in Handlung umgesetzt ist." [15]

Das Fernrohr

Das ‚Sehen' bzw. das ‚neue Sehen' ist immer auch ein genaues Hinsehen, das sich von den Scheuklappen der Ideologie befreit hat. Es ist möglich geworden durch Instrumente (Fernrohr) oder Experimente. Es glotzen die Hofgelehrten, die den Blick durch das Fernrohr scheuen oder nicht wagen; sie sind nicht bereit, ihr Wissen auf die Probe der unverstellten Beobachtung zu stellen. Sie wollen allenfalls sehen, was ihnen als ‚sichtbar' in den Büchern beschrieben oder als Vorgabe ihrer Theorie ‚vorgesehen'

Die Hofgelehrten scheuen den Blick durchs Fernrohr

15 Knopf, Jan: *Brecht-Handbuch*, Bd. 1, S. 175.

ist. Gegenüber der Wirklichkeit, sobald sie ihrer Ideologie widerspricht, sind sie blind. Sie lassen ungeprüft, was geschrieben steht und durch die Autorität des Alters (Antike, Aristoteles) oder des Glaubens bzw. der Kirche abgesegnet ist. Der Mathematiker in Florenz versichert Galilei gegenüber: „Lieber Galilei, ich pflege mitunter, so altmodisch es Ihnen erscheinen mag, den Aristoteles zu lesen und kann Sie dessen versichern, daß ich da meinen Augen traue." (S. 48)

So kommt es dazu, dass die Experimente mit den schwimmenden Eisenkörpern nie nach Aristoteles überprüft worden sind. Es kommt, wie es am Ende des Dramas heißt, darauf an, die Augen selbst aufzumachen. Andrea belehrt die Kinder, die noch an Hexen glauben: „Du mußt lernen, die Augen aufzumachen." (S. 131) Galilei macht immer wieder Mut bzw. ruft dazu auf, den eigenen „Augen zu trauen". (S. 48) Die gesellschaftlichen Folgen, die das haben kann, deutet er in dem Gespräch am Florentinischen Hof an:

„Du musst lernen, die Augen aufzumachen."

> „In diesen Nächten werden über ganz Italien Fernrohre auf den Himmel gerichtet. Die Monde des Jupiter verbilligen nicht die Milch. Aber sie wurden nie gesehen, und es gibt sie doch. Daraus zieht der Mann auf der Straße den Schluß, daß es noch vieles geben könnte, wenn er nur seine Augen aufmachte! Ihr seid ihm eine Bestätigung schuldig! Es sind nicht die Bewegungen einiger entfernter Gestirne, die Italien aufhorchen machen, sondern die Kunde, daß für unerschütterlich angesehene Lehren ins Wanken gekommen sind, und jedermann weiß, daß es deren zu viele gibt. Meine Herren, lassen Sie uns nicht erschütterte Lehren verteidigen!" (S. 49)

Nur so verschwindet der Aberglaube und macht der Aufklärung Platz; nur so stellt sich die Helle gegenüber der Finsternis ein. Nur mit dieser Haltung und dem Wissen darum, „bei weitem nicht genug“ zu wissen (S. 131), kann man hoffnungsvoll sagen: „Wir stehen wirklich erst am Beginn.“ (ebd.), eben erst am Beginn einer neuen Zeit, eines neuen Zeitalters der Aufklärung, nicht eines aufgeklärten Zeitalters, sondern am Beginn des wissenschaftlichen Zeitalters, wo sich die Wissenschaft ausschließlich dem Zweck verschrieben hat, die „Mühseligkeit der menschlichen Existenz zu erleichtern“ (S. 125), und wo sie nicht mehr den Machtinteressen einer kleinen Menschengruppe dient.

Beginn des wissenschaftlichen Zeitalters

Galilei hat bereits solche Leute kennengelernt in dem Großen Arsenal von Venedig:

> „Mein Werk in dem Großen Arsenal von Venedig brachte mich täglich zusammen mit Zeichnern, Bauleuten und Instrumentenmachern. Diese Leute haben mich manchen neuen Weg gelehrt. Unbelesen verlassen sie sich auf das Zeugnis ihrer fünf Sinne, furchtlos zumeist, wohin dies Zeugnis sie führen wird.“ (S. 49 f.)

Weitere Leitmotive

Neben die Leitmotive des Sehens, des Fernrohrs tritt noch das Leitmotiv des **Steins**, den Galilei zur Beweisführung immer bei sich hat, den er zur Demonstration fallen lässt, um so deutlich zu machen, dass man gegen das Gesehene eigentlich nichts einwenden könne, bzw. dass das Experiment eine zwingende Beweiskraft hat, weil es so angelegt ist, dass es unabhängig von dem Beobachter immer und an jedem Ort wiederholbar ist. Man muss nur seinen Augen trauen. Aber auch wenn Galilei glaubt, mit dem fallenden Stein seine Gegner im päpstlichen Collegium lächerlich machen zu

Das Experiment als unabhängige Beweiskraft

können (s. S. 61), verrechnet er sich, denn auch wenn Pater Clavius ihm und seinen Beobachtungen mit einem „Es stimmt." recht gibt, taucht doch am Ende der Szene bereits der Inquisitor auf und Galileis ‚Untergang' bzw. Widerruf beginnt (S. 63).

Noch weitere Leitmotive sind die Wörter ‚**Bewegung**', vor allem in der ersten Szene, ‚**neu**' in Zusammensetzungen wie z. B. ‚neue Zeit', neue Ethik'; außerdem Wörter wie **hell** oder **dunkel**, die auf Verfinsterung und Aufklärung hindeuten. Neben das Motiv ‚Sehen' tritt außerdem in diesem Zusammenhang das Motiv ‚**Blind**' bzw. Erblindung, wie sie sich bei Galilei erkennen lässt. Seiner politischen Blindheit entspricht der körperliche Erblindungsvorgang.

3.7 Interpretationsansätze

ZUSAMMENFASSUNG

Zunächst wird Galileis Verhalten als Verrat an den sozialrevolutionären Kräften gedeutet.
In Selbstaussagen Brechts zu seinem Stück wird vor allem – angesichts der Atombombe – der Frage nach dem Verhältnis von Wissenschaft/Wissenschaftler und Gesellschaft nachgegangen.

Jendreieks Interpretation von Galileis Verbrechen

„Galileis wohlbegründetes Desinteresse an der Gesellschaft wirkt sich aus als Verrat nicht nur an den Herrschenden, sondern am Volk. Er verrät schließlich die Chance einer Veränderung der bestehenden Verhältnisse zum Vorteile des Volkes wie seiner wissenschaftlichen Produktion. Vor allem aber wird sein Desinteresse durch die Kapitulation vor den gesellschaftlichen Verhältnissen in Wirklichkeit zum Dienst an ihrer Erhaltung und Verfestigung und damit zu einer Verwendung seiner Erkenntnisse gegen diese Erkenntnisse selbst und gegen das Volk. Galilei hat die Mittel zur Veränderung der Verhältnisse, unter denen das Volk zu leiden hat, in der Hand, aber er wendet sie nicht an. Er verrät seine eigenen Erkenntnisse, weil er das von ihm begriffene Gesetz der Veränderung nicht sozial verwertet, und liefert mit der Wahrheit zugleich die Wissenschaft und die Menschheit an die Herrschenden aus." […] „Die ‚menschliche Schwäche', die Andrea als belanglos aus der Diskussion verdrängen will, ist das Verbrechen der Asozialität. Galilei antwortet ihm mit einer schonungslosen, hellsichtigen Beschwörung der inhumanen Wirkungen seines Verrats. Sein Widerruf, der

Galileis Desinteresse führt zur Festigung der bestehenden Verhältnisse

Galilei verrät sich und die Wissenschaft

die von ihm erkannte und bewiesene Wahrheit in Unwahrheit verkehrte, raubte dem Volk die Möglichkeit einer fundamentalen Revolutionierung und Verbesserung seiner Lebensverhältnisse. [...] Der Widerruf wird in dieser Analyse seiner zeitgeschichtlichen Bedeutung als Verrat an den sozialrevolutionären Kräften begriffen, die Galilei durch seine Wissenschaft freigesetzt und in Bewegung gebracht hat. Die Methodik des wissenschaftlichen Zweifels zur Gewinnung neuer Erkenntnisse wurde vom Volk als soziale Waffe übernommen. Die Erkenntnisse der Wissenschaft wurden politisch genutzt, der wissenschaftliche Zweifel zum Prinzip eines allgemeinen Weltverhaltens erhoben und gegen das ‚Elend der Vielen' und die Verursacher dieses Elends angewandt. Die Erkenntnis, dass das wissenschaftlich Tradierte nicht notwendig mit der Wahrheit identisch sein musste, führte zu einer neuen Betrachtung der sozialen Verhältnisse. Das Volk erkannte die große Chance der Stunde und schickte sich an, ein ‚künstliches Elend' abzuschütteln. [...] Die Entscheidung, die Galilei zur Zeit seines Widerrufs zu fällen hatte, war die zwischen der wissenschaftlich begründeten Wahrheit und der durch sie ermöglichten Verbesserung des Lebens der Masse einerseits und der Sicherung seines persönlichen Lebens anderseits. Die Alternative war eindeutig: das Volk oder das eigene Ich, Rettung und Verbesserung des Lebens der Vielen oder Rettung und Verbesserung des eigenen Lebens. Galilei entschied sich für sich, er ließ das Volk nicht nur im Elend, sondern stieß es tiefer hinein, indem er der Obrigkeit die Mittel lieferte, die das Elend der Massen als wissenschaftlich erwiesene, unabänderliche Notwendigkeit zementierten. Das ist sein Verbrechen."[16]

Galileis Widerruf als Verrat an sozialrevolutionären Kräften

Neue Betrachtung der sozialen Verhältnisse

Entscheidung für das Volk oder das eigene Ich

---

16 Jendreiek, Helmut: *Bertolt Brecht. Drama der Veränderung*, S. 258 f. u. 261 f.

Simon Russel Beale als Galileo Galilei in der Inszenierung des Stückes von David Hare am National Theatre in London 2006 © ullstein bild – Lebrecht Music & Arts Photo Library

Brechts Äußerungen zum *Galilei*

Im ‚Arbeitsjournal' findet sich auch folgendes, für den *Galilei* gedachtes ‚Vorwort', das wichtige Deutungsaspekte Brechts für sein Theaterstück eröffnet:

„vorwort
geehrtes publikum der Breiten Straße
wir laden Sie heut in die welt der kurven und maße
zu entschleiern vor ihrem kennerblick
die geburtsstunde der physik.
Sie sehen das leben des großen Galileo Galilei,
den kampf des fallgesetzes mit dem gratias dei,
der wissenschaft mit der obrigkeit
an der schwelle der Neuen Zeit.
Sie sehen die wissenschaft jung, geil und drall

und Sie sehen ihren sündenfall.
sie muß essen und ihr wird gewalt getan
und so kommt sie auf die schiefe bahn
und wird, die meisterin der natur
billige gesellschaftshur.
noch ist das wahre nicht die ware
doch hat es schon dies sonderbare
daß es die vielen nicht erreicht
und macht ihr leben schwer statt leicht.
solches wissen ist aktuell
die Neue Zeit läuft ab besonders schnell.
wir hoffen, Sie leihen Ihr geneigtes ohr
wenn nicht uns, so doch unserm thema, bevor
infolge der nicht gelernten lektion
auftritt die atombombe in person."[17]

In einem Beitrag ‚Bedrohung der Menschheit durch Erfindungen und Entdeckungen' stellt Brecht grundsätzlich fest:

> „Der heutige Mensch weiß wenig über die Gesetzlichkeiten, die sein Leben beherrschen. Er reagiert als gesellschaftliches Wesen meist gefühlsmäßig, aber diese gefühlsmäßige Reaktion ist verschwommen, unscharf, uneffektiv. Die Quellen seiner Gefühle und Leidenschaften sind ebenso verschlammt und verunreinigt wie die Quellen seiner Erkenntnisse. Der heutige Mensch, lebend in einer rapid sich ändernden Welt und sich rapid ändernd, hat kein Bild dieser Welt, das stimmt und auf Grund dessen er mit Aussicht auf Erfolg handeln könnte. Seine Vorstellungen vom Zusammenleben der Menschen sind schief,

Der heutige Mensch weiß wenig

Der heutige Mensch hat falsche Vorstellungen vom Zusammenleben

17 zit. nach: *Brechts ‚Leben des Galilei'*, hrsg. v. Werner Hecht, ebd., S. 40 f.

ungenau und widersprechend, sein Bild ist, was man unpraktikabel nennen könnte, d.h. mit seinem Bild von der Welt, der Menschenwelt, vor Augen kann der Mensch diese Welt nicht beherrschen. Er weiß nicht, wovon er abhängt, er kennt nicht den Griff in die soziale Maschinerie, der nötig ist, der den gewünschten Effekt hervorbringt. Die Kenntnis der Natur der Dinge, so sehr und so ingeniös vertieft und erweitert, ist ohne die Kenntnis der Natur des Menschen, der menschlichen Gesellschaft in ihrer Gesamtheit nicht imstande, die Beherrschung der Natur zu einer Quelle des Glücks für die Menschheit zu machen. Weit eher wird sie zu einer Quelle des Unglücks. So kommt es, daß die großen Erfindungen und Entdeckungen nur eine immer schrecklichere Bedrohung der Menschheit geworden sind, so daß heute beinahe jede neue Erfindung nur mit einem Triumphschrei empfangen wird, der in einem Angstschrei übergeht.“ [18]

Der heutige Mensch kennt seine Abhängigkeiten nicht

Beherrschung der Natur wird zur Quelle des Unglücks

In der geplanten ‚Vorrede zur amerikanischen Fassung‘ des *Galilei* umschreibt Brecht seine ‚Absicht‘ mit dem *Galilei* wie folgt:

Ungeschminktes Bild der Zeit

„Meine Absicht war unter anderem, das ungeschminkte Bild einer Zeit zu geben – ein anstrengendes Unternehmen, da jedermann ringsum überzeugt war, daß unserer eigenen alles zu einer neuen Zeit fehlte. Nichts an diesem Aspekt hatte sich geändert, als ich, Jahre danach, daran ging, zusammen mit Charles Laughton eine amerikanische Fassung des Stückes herzustellen. Das ‚atomarische Zeitalter‘ machte sein Debüt in Hiroshima in der Mitte unserer Arbeit. Von heute auf morgen las sich die Biographie des Begründers der neuen Physik

18 ebd., S. 52 f.

anders. Der infernalische Effekt der Großen Bombe stellte den Konflikt des Galilei mit der Obrigkeit seiner Zeit in ein neues, schärferes Licht. Wir hatten nur wenige Änderungen zu machen, keine einzige in der Struktur.“ [19]

Der infernalische Effekt der Großen Bombe stellt Galileis Konflikt in neues Licht

Brecht beurteilt sein Werk und die Figur des Galilei so:

„Es wäre eine große Schwäche des Werkes, wenn die Physiker recht hätten, die mir – im Ton der Billigung – sagten, Galileis Widerruf seiner Lehre sei trotz einiger ‚Schwankungen‘ als vernünftig dargestellt mit der Begründung, dieser Widerruf habe ihm ermöglicht, seine wissenschaftlichen Arbeiten fortzuführen und der Nachwelt zu überliefern. In Wirklichkeit hat Galilei die Astronomie und die Physik bereichert, indem er diese Wissenschaften zugleich eines Großteils ihrer gesellschaftlichen Bedeutung beraubte. Mit ihrer Diskreditierung der Bibel und der Kirche standen sie eine Zeitlang auf der Barrikade für allen Fortschritt. Es ist wahr, der Umschwung vollzog sich trotzdem in den folgenden Jahrhunderten, und sie waren daran beteiligt, aber es war eben ein Umschwung anstatt einer Revolution, der Skandal artete sozusagen in einen Disput aus, unter Fachleuten. Die Kirche und mit ihr die gesamte Reaktion konnte einen geordneten Rückzug vollziehen und ihre Macht mehr oder weniger behaupten.

Galilei nimmt der Wissenschaft ihre gesellschaftliche Bedeutung

Umschwung statt Revolution

[…] Galileis Verbrechen kann als ‚Erbsünde‘ der modernen Naturwissenschaften betrachtet werden. Aus der neuen Astronomie, die eine neue Klasse, das Bürgertum, zutiefst interessierte, da sie den revolutionären sozialen Strömungen der Zeit Vorschub leistete, machte er eine scharf begrenzte Spe-

Galileis Verbrechen als ‚Erbsünde‘ der modernen Wissenschaften

19 ebd., S. 55.

zialwissenschaft, die sich freilich gerade durch ihre ‚Reinheit', d.h. ihre Indifferenz zu der Produktionsweise, verhältnismäßig ungestört entwickeln konnte.

Atombombe ist Endprodukt von Leistung und Versagen zugleich

Die Atombombe ist sowohl als technisches als auch soziales Phänomen das klassische Endprodukt seiner wissenschaftlichen Leistung und seines sozialen Versagens. Der Held des Werks ist so nicht Galilei, sondern das Volk."[20]

In einem Entwurf zu einem Vorwort heißt es:

„Das Ziel des Forschers ist ‚reine' Forschung, das Produkt der Forschung ist weniger rein."

„Die Bourgeoisie isoliert im Bewußtsein des Wissenschaftlers die Wissenschaft, stellt sie als autarke Insel hin, um sie praktisch mit ihrer Politik, ihrer Wirtschaft, ihrer Ideologie verflechten zu können. Das Ziel des Forschers ist ‚reine' Forschung, das Produkt der Forschung ist weniger rein. Die Formel $e = mc^2$ ist ewig gedacht, an nichts gebunden. So können andere die Bindungen vornehmen: die Stadt Hiroshima ist plötzlich sehr kurzlebig geworden. Die Wissenschaftler nehmen für sich in Anspruch die Unverantwortlichkeit der Maschinen."[21]

In einem Brief an Stefan S. Brecht charakterisiert Brecht seinen Galilei wie folgt:

Galilei möchte ungehindert forschen

„Eigentlich ist der G. einfach nur für die ungehinderte Ausübung seiner Wissenschaft (welche er als ein Glied in der ideologischen Kette vorfindet, die Bürgertum und Bauerntum niederhält, welches Glied er anzusägen hat). Er sägt recht vorsichtig. Zunächst, in Padua, schweigt er sich aus über den

---

20 ebd., S. 56.
21 ebd., S. 57.

Kopernikus, dann findet er Beweise und beschließt, damit Karriere zu machen, geht nach Florenz, buckelt vor dem Fürsten, unterwirft die Beweise den päpstlichen Astronomen. Man erkennt sie an und verbietet ihm, aus den Beweisen Schlüsse zu ziehen. Beinahe ein Jahrzehnt lang fügt er sich und schweigt wieder. Dann verläßt er sich auf den liberalen Papst (nicht etwa auf das Volk oder das Bürgertum) und, von diesem im Stich gelassen, unterwirft er sich völlig und öffentlich. In der Gefangenschaft kollaboriert er schamlos (im Stück) und läßt sich sein Hauptwerk stehlen – unter heftigsten Bauchschmerzen. Ich glaube wirklich, das ‚Sympathische' [...] ist seine Vitalität."[22]

Galilei verlässt sich auf den Papst und nicht auf das Volk

Im *Kleinen Organon* verweist Brecht auf die neue Sehweise Galileis und ihre Verwandtschaft zur neuen, sehend machenden Verfahrensweise des Theaters:

„Damit all dies viele Gegebene ihm als ebensoviel Zweifelhaftes erscheinen könnte, müßte er jenen fremden Blick entwickeln, mit dem der große Galilei einen ins Pendeln gekommenen Kronleuchter betrachtete. Den verwunderten diese Schwingungen, als hätte er sie so nicht erwartet und verstünde es nicht von ihnen, wodurch er dann auf die Gesetzmäßigkeit kam. Diesen Blick, so schwierig wie produktiv, muß das Theater mit seinen Abbildungen des menschlichen Zusammenlebens provozieren. Es muß sein Publikum wundern machen, und dies geschieht vermittels einer Technik der Verfremdung des Vertrauten."[23]

Provozierung des ‚neuen' Blicks durch Verfremdung des Vertrauten

---

22 ebd., S. 45.
23 ebd., S. 62.

Zum Galilei in der 14. Szene führt Brecht aus:

> „[Galilei] beweist Andrea, daß das wertvollste Werk niemals den Schaden aufwiegen kann, der durch einen Verrat an der Menschheit entstehen muß.“[24]

Galilei erkauft sich seinen Komfort

Der Held darf nicht sympathisch sein

Galilei ist technischer Schöpfer und sozialer Verräter

> „Galilei kehrt (in der 14. Szene) nicht ‚in den Schoß der Kirche‘ zurück – er hat sich, wie bekannt, niemals daraus entfernt. Er versucht lediglich seinen Frieden mit den Herrschenden zu machen. Seine Verkommenheit zeigt sich in seiner sozialen Haltung; er erkauft sich seinen Komfort (selbst seine wissenschaftliche Betätigung ist nun zu einem Komfort herabgesunken) mit Handlangerdiensten, so seinen Intellekt schonungslos prostituierend. [...] Seine Selbstanalyse darf unter keinen Umständen von dem Darsteller dazu mißbraucht werden, mit Hilfe von Selbstvorwürfen den Helden dem Publikum sympathisch zu machen. Sie zeigt einfach sein Gehirn unzerstört – gerichtet auf welches Feld immer. Andrea Sartis Schlußbemerkung gibt keineswegs die Ansicht des Stückschreibers über Galilei wieder, sondern nur seine Ansicht über Andrea Sarti. Der Stückschreiber wünschte nicht das letzte Wort zu haben.
>
> Galilei markiert den Standard der italienischen Intellektuellen im ersten Drittel des 17. Jahrhunderts, die von der Feudalität besiegt wurden. Die nördlichen Länder Holland und England entwickelten die Produktivkräfte weiter in der sogenannten ‚Industriellen Revolution‘. Galilei ist in gewissem Sinn ihr technischer Schöpfer und sozialer Verräter.“[25]

---

24 ebd., S. 71.
25 ebd., S. 71 f.

Unter der Überschrift ‚List und Verbrechen' notiert Brecht:

> „In der ersten Fassung des Stücks war die letzte Szene anders. Galilei hatte in großer Heimlichkeit die ‚Discorsi' geschrieben. Er veranlaßt anläßlich eines Besuchs seinen Lieblingsschüler Andrea, das Buch über die Grenze ins Ausland zu schmuggeln. Sein Widerruf hatte ihm die Möglichkeit verschafft, ein entscheidendes Werk zu schaffen. Er war weise gewesen.
>
> In der kalifornischen Fassung […] bricht Galilei die Lobeshymnen seines Schülers ab und beweist ihm, daß der Widerruf ein Verbrechen war und durch das Werk, so wichtig es sein mochte, nicht aufgewogen.
>
> Wenn es jemanden interessieren sollte: Dies ist auch das Urteil des Stückschreibers."[26]

Erste Fassung: Der Widerruf ist weise

Kalifornische Fassung: Der Widerruf ist ein Verbrechen

> „Es hat etwas Pikantes, daß Stückschreiber und Darsteller, um die Geschichte des Galilei vorzuführen, jene Vorstellung zertrümmern mußten, die gerade durch Galileis Verrat mitbegründet wurde, die Vorstellung von einem weltfremden, zwitterhaft eunuchischen Wesen der Schullehrer und Wissenschaftler. (Erst als sie, volksfremde Kopflanger der herrschenden Klassen, in unsern Tagen die letzte Frucht der Bewegungsgesetze des Galilei, die Atombombe, ablieferten, verwandelte sich die Verachtung des Volkes in die Furcht.) Dem Galilei selber, zum Dank für seinen Glauben an eine volksverbundene Wissenschaft, erwies das Volk die Ehre, jahrhundertelang und über ganz Europa hin, nicht an seinen Widerruf zu glauben."[27]

Altes Bild von Galilei musste zerstört werden

Verachtung des Volkes wandelt sich durch Bombe in Furcht

26 ebd., S. 72.
27 ebd., S. 87.

Zu anderen Szenen seines Stückes gibt Brecht noch folgende wichtige, interpretatorische Hinweise, die in Auszügen zitiert seien:

Zu Szene VIII

Die Kirche wird vom Bauern verteidigt

„Galilei, erst erschreckt, erkennt die Zusammenhänge: daß nicht der Bauer von der Kirche, sondern die Kirche vom Bauern verteidigt wird, wenn es gegen die Wissenschaft geht.“ [28]

Zu Szene IX

„Noch ist nämlich die Kenntnis der neuen Lehre in der breiteren Bevölkerung gering, noch ist die Sache der jungen Astronomie nicht verknüpft mit der Sache des oberitalienischen Bürgertums, noch sind die Kampffronten keine politischen. Wenn auch ein Ruf unterlassen wird, so wird doch kein Widerruf vorgenommen. So ist es immer noch nur die persönliche Ungeduld und Unzufriedenheit des Wissenschaftlers, die zur Darstellung zu gelangen hat.“ [29]

Noch sind die Kampffronten keine politischen

„Aber zum Unterschied vom Kopernikus, der dem Kampf ausgewichen war, hat [Galilei] ihn gekämpft und diesen Kampf verraten. Hätte Giordano Bruno, der Nolaner, der den Kampf nicht vermied und zwei Jahrzehnte zuvor verbrannt worden war, widerrufen, wäre der Schaden wohl nicht groß gewesen; es ist sogar fraglich, ob sein Märtyrertod nicht mehr Wissenschaftler abschreckte als anfeuerte. Der Kampf war zu Brunos Zeit noch schwächlich. Aber die Zeit bleibt nicht stehen; eine neue Klasse, das Bürgertum, hatte nun mit einer neuen Industrie den Plan kräftiger betreten; es handelte sich nicht mehr

Brunos Märtyrertod mehr Abschreckung dann Anfeuerung

Die neue Klasse: Das Bürgertum

28 ebd., S. 96.
29 ebd., S. 97.

um wissenschaftliche Leistungen, sondern um Kämpfe, sie groß und allgemein zu verwerten. Die Verwertung erfolgte in vielen Hinsichten, mußte doch die neue Klasse, um ihre Geschäfte betreiben zu können, zur Macht kommen und eine herrschende Ideologie zertrümmern, die sie daran hinderte. Die Kirche, welche den Grundbesitzern und Fürsten ihre Privilegien als gottgewollte und somit natürliche verteidigte, herrschte nicht durch die Astronomie, aber in ihr, auch in ihr. Auf keinem Gebiet konnte sie ihre Herrschaft vernichten lassen. Die neue Klasse nämlich konnte einen Sieg auf jedem Gebiet, auch auf dem der Astronomie, für sich ausnutzen. Jedoch war sie, hatte sie einmal ein Gebiet als Exempel gewählt und den Kampf darauf konzentriert, auf diesem Gebiet verletzlich in allgemeiner Weise. Der Satz ‚Keine Kette ist stärker als ihr schwächstes Glied' gilt für Ketten, die binden (wie es die kirchliche Ideologie eine war) und für Transmissionsketten (wie die neuen Vorstellungen über Besitz, Recht, Wissenschaft usw. der neuen Klasse) zugleich. Galilei wurde zum Schädling, als er seine Wissenschaft in diesen Kampf führte und den Kampf dann verließ." [30]

Die Kirche herrschte durch und in der Astronomie

Galilei wurde zum Schädling

Zu Szene X

„Laughton nahm den größten Anteil an der zehnten (der Fastnachts-Szene), in der die italienische Bevölkerung, Galileis revolutionäre Lehre mit ihren eigenen revolutionären Forderungen verknüpfend, gezeigt wird." [31]

30 ebd., S. 98.
31 ebd., S. 100.

Zu Szene XIV

Ebenfalls zu Szene XIV gibt Brecht noch folgenden Hinweis:

„Hat doch der theatralische Gehalt der Rede nur unmittelbar zu tun mit der schonungslosen Aufzeichnung des Sündenfalls der bürgerlichen Wissenschaften am Beginn ihres Aufstiegs, der Überantwortung der wissenschaftlichen Erkenntnisse an die herschenden, die ermächtigt werden, ‚sie zu brauchen, nicht zu brauchen, wie es ihnen gefallen mag'."[32]

Atomphysik in dichtes Geheimnis gehüllt

„Es war schimpflich geworden, etwas zu entdecken."

„Man muß wissen, unsere Aufführung fiel in die Zeit und das Land, wo eben die Atombombe hergestellt und militärisch verwertet worden war und nun die Atomphysik in ein dichtes Geheimnis gehüllt wurde. Der Tag des Abwurfs wird jedem, der ihn in den Staaten erlebt hat, schwer vergeßlich sein. [...] Es war der Sieg, aber es war die Schmach der Niederlage. Dann kam die Geheimhaltung der gigantischen Energiequelle durch die Militärs und Politiker, welche die Intellektuellen aufregte. Die Freiheit der Forschung, das Austauschen der Entdeckungen, die internationale Gemeinschaft der Forscher war stillgelegt von Behörden, denen stärkstens mißtraut wurde. Große Physiker verließen fluchtartig den Dienst ihrer kriegerischen Regierung; einer der namhaftesten nahm eine Lehrstelle an, die ihn zwang, seine Arbeitszeit auf das Lehren der elementarsten Anfangsgründe zu verschwenden, nur um nicht unter dieser Behörde arbeiten zu müssen. Es war schimpflich geworden, etwas zu entdecken."[33]

---

32 ebd., S. 108.
33 ebd., S. 108 f.

Zur Darstellung der Kirche führt Brecht selbst aus:

> „Es ist für die Theater wichtig zu wissen, daß dieses Stück einen großen Teil seiner Wirkung verlieren muß, wenn seine Aufführung hauptsächlich gegen die katholische Kirche gerichtet ist. [...] In dem vorliegenden Stück fungiert die Kirche, auch wo sie der freien Forschung entgegentritt, einfach als Obrigkeit.
>
> Da die Wissenschaft ein Zweig der Theologie war, ist sie geistliche Obrigkeit, letzte wissenschaftliche Instanz. Aber sie ist auch weltliche Obrigkeit, letzte politische Instanz. Das Stück zeigt den vorläufigen Sieg der Obrigkeit, nicht den der Geistlichkeit."[34]

Kirche fungiert als Obrigkeit

Vorläufiger Sieg der Obrigkeit – nicht der Geistlichkeit

---

34 ebd., S. 51.

4. REZEPTIONSGESCHICHTE

ZUSAMMEN-
FASSUNG

Das Thema ‚Verantwortung des Wissenschaftlers' hat an Brisanz nicht verloren, so dass das *Leben des Galilei* noch heute zu den häufig gespielten Stücken Brechts gehört.

Zentrale Frage nach der Rollenbesetzung, Fassung und der zeitgemäßen Inszenierung

Leben des Galilei gehört zu den häufig gespielten Stücken. Brecht hat es noch mit seinem Berliner Ensemble einstudiert. Aber es liegt keine Muster- bzw. Modellinszenierung vor, da Brecht noch während der Probenarbeiten an dem Stück verstarb und Erich Engel die Regie übernehmen musste. Viele bekannte Regisseure haben sich in der Nachfolge an dem Stück versucht. Bei allen Inszenierungen stand dann im Zentrum der Kritik die Frage, mit welchem Schauspieler die Rolle des Galilei besetzt und wie diese Rolle von dem Schauspieler angelegt wurde. Gegenstand der Kritik war auch fast immer, für welche Fassung der Regisseur sich entschieden hatte und ob seine Inszenierung mit der Wahl den Erfordernissen der Zeit entsprach.

Am interessantesten ist möglicherweise die Frage, die sich Manfred Wekwerth zu seiner Regiearbeit im Jahre 1977 stellt. Aus seinen Überlegungen sei im Folgenden zitiert:

Wissenschaft als Bedrohung des Planeten

„An einem Stück wie dem ‚Galilei' erweist sich Brechts Vorschlag der ‚Sinngebung' als sehr nützlich, besonders wenn man über ‚Brecht hinauswill'. Das Stück ist zu verschiedenen Zeiten und Anlässen in bemerkenswerter Weise aufgeführt worden. […] Die damalige Sinngebung, vor dem Missbrauch der Wissenschaft zu warnen, kam nicht allein aus dem Stück, mehr noch von dem Schrecken, den die Wissenschaft als unmittelbare Bedrohung unseres Planeten verbreitete. Sicher ist heute das Stück mit dieser eindringlichen Sinngebung noch zu spielen, denken wir an die Neutronenbombe. Aber gerade der eingangs erwähnte ‚Verein' der Anti-Brechtianer sieht gerade auch in ‚Galilei' den Beweis, wie sehr Brecht veraltet ist, da er lediglich ein ‚Anti-Atombomben-Stück' geschrieben habe.

Brecht habe lediglich ‚Anti-Atombomben-Stück' geschrieben

Den ‚Galilei' heute lesend, fällt zunächst auf, wie sehr der Fall Galilei, also eines Wissenschaftlers, sich auf andere Bereiche umlegen lässt. Wie sehr er Gleichnis oder Modellfall ist, auch für uns. Uns, die wir im Besitz einer großen Wahrheit sind, interessiert die Frage, wie sich Wahrheit durchsetzt. Sie scheint heute eine Schlüsselfrage – nicht nur des Stücks. Setzt sich Wahrheit durch, weil sie wahr ist? Auf uns umgelegt: reicht es, die Gesellschaft umzuwälzen – und alles wird automatisch neu? Die Arbeitsmoral, das Klassenbewusstsein, der Wissensdurst, das Glücksgefühl? Oder setzt sich nur soviel an Wahrheit durch, wie wir durchsetzen? Und durchsetzen können?

Frage nach Modellhaftigkeit des Stückes

[...] Es kann keine ausschließliche Verdammung der Taktik geben. Ohne Widerruf gäbe es keine Weiterführung des Werkes Galileis. Aber es kann auch kein ausschließliches Lob der List und der Taktik geben: Das Werk Galileis wird zwar erhalten, aber stark beschädigt; Galilei selbst wird über die Erhaltung seines Werkes zerstört. Hier enthält das Stück eine Warnung vor rein moralischer Verdammung des Kompromisses, und es enthält zugleich die Warnung, die Taktik zur alleinigen Strategie werden zu lassen: undialektisch gebraucht gefährdet Taktik jedes strategische Ziel. Die neue Zeit wird nicht daran gemessen, wie ideal sie ist, sondern wie neu sie ist. Strategische Ziele werden nicht ohne Taktik erreicht, aber ohne Strategie verdeckt, ja beschädigt die Taktik das Ziel. Es gibt keine moralische Verdammnis einer List. Aber es gibt auch keine moralische Recht-

„undialektisch gebraucht gefährdet Taktik jedes strategische Ziel"

fertigung einer List. Gemessen werden allein die Folgen.

Den ‚Galilei' so lesend und so Ausschau haltend nach einer heutigen Sinngebung, suchten wir nicht so sehr die unbestrittene Größe des Stücks, sondern den Streit; nicht so sehr die Geschichte, sondern die Geschichten, die das Stück enthält. Nicht so sehr den gegebenen Charakter eines Mannes der neuen Zeit, sondern seine Entstehung. [...] Unsere Bühne ist nicht ein ‚festgelegter Platz'. Sie ist ein Spielplatz, der Arena, Tableau, Hörsaal, Marktplatz, Mittelpunkt der Welt und Gefängnis des alten Galilei sein kann. Auf diesem Gerüst wollen wir nichts behaupten, sondern alles entstehen lassen: vom Charakter des Galilei bis zu Karnevalszügen, von der engen Studierstube in Padua bis zum Papst." [35]

Die Bühne als ‚Spielplatz'

35 ebd., S. 159 f.

5. MATERIALIEN

Lebensdaten zu Galileo Galilei

JAHR	ORT	EREIGNIS	ALTER
1564	Pisa Vallombrosa	Geburt Galileis am 15. Februar Besuch der dortigen Klosterschule	
1581–1585	Pisa	Studium der Medizin, Mathematik und Physik an der dortigen Universität	
1586	Pisa	Bau einer hydrostatischen Waage; Bekanntschaft mit den Schriften des Archimedes an der Florentiner Accademia del Dissegno	
1589	Pisa	Professur für Mathematik an der Universität	25
1592	Padua	Galilei wechselt auf eine besser dotierte Professur nach Padua; Entdeckung der Isochronie der Pendelschwingung; Erfindung eines Proportionalzirkels	28
1604–1609	Padua	Gesetze des freien Falls	40
1609	Padua	Nachbau des in Holland erfundenen Fernrohrs; Entdeckung der Phasen der Venus; der Jupitermonde (Mediceische Gestirne); Entdeckung des Saturnrings; Milchstraße und Sternhaufen bestehen aus Einzelsternen	45
1610	Florenz	Hofmathematiker und -philosoph beim Herzog von Florenz	46
1613	Florenz	Brief an den Benediktiner B. Castelli über das Verhältnis der Bibel zur Naturerkenntnis, zum heliozentrischen System	49

JAHR	ORT	EREIGNIS	ALTER
1616	Florenz	erste Ermahnung des Kardinals R. Bellarmino, alles Irrtümliche seiner Auffassungen aufzugeben; von Galilei wurde weder Abschwörung noch Buße verlangt; Widerlegung der aristotelisch-scholastischen Physik	52
1623	Rom	Kardinal Barberini wird Papst Urban VIII.	
1625	Rom	Veröffentlichung von Argumenten für die kopernikanische Lehre, ohne sie jedoch ausdrücklich für wahr gefunden zu erklären	61
1632	Rom	Erscheinen dieses Werkes, bedingt durch Verzögerungen durch die Zensurbehörden; Einzug des Werkes auf kirchlichen Befehl; Galilei wurde am 1. Okt. vor die Inquisition zitiert und verurteilt.	68
1633	Florenz	Galilei schwört am 22. Juni seinen ‚Irrtümern' ab; unbefristeter Hausarrest in seiner Villa in Arcetri	69
1637	Florenz	Erblindung Galileis	73
1634	Florenz	Galilei verfasst im Kreis von Schülern seine ‚Unterredungen und mathematischen Demonstrationen über zwei neue Wissenszweige, die Mechanik und die Fallgesetze betreffend'	
1642	Florenz	Galilei stirbt am 8. Januar in Arcetri und wird auf Anordnung des Papstes in Santa Croce in Florenz in einer Seitenkapelle beigesetzt	78
1835	Rom	die *Discorsi* werden vom Index gestrichen	
1992	Rom	Papst Johannes Paul II. erklärt in einer Ansprache vor der päpstlichen Akademie, dass Galilei zu Unrecht verurteilt worden sei	

Galileis Hauptleistung besteht in der neuen Auffassung von der Möglichkeit physikalischer Erkenntnisse. An die Stelle der Frage nach dem ‚Warum?' setzte er die Frage nach dem ‚Wie?' eines Prozesses, denn nur darin könne die menschliche ratio Einblick in den göttlichen Schöpfungsplan gewinnen. Hilfsmittel dafür sei die Mathematik als die der Schöpfung zugrunde liegende Sprache. Bei seiner Suche nach den mathematischen Gesetzmäßigkeiten konzentrierte sich Galilei auf die Kinematik und analysierte hier die unabhängigen Bewegungskomponenten zusammengesetzter Bewegungen wie etwa der Parabellinie der Wurfbahn. In der Dynamik vermochte er jedoch nicht über Ansätze im Anschluss an Aristoteles hinauszukommen, da er die generelle Massenanziehung ablehnte und damit weiterhin zwischen künstlichen und natürlichen Bewegungsursachen unterschied.

Galileis Hauptleistung: Frage nach dem ‚Wie' statt ‚Warum'

Die Mathematik als Hilfsmittel

Besonders durch seine brillante Sprache und die in Anlehnung an italienische Humanisten in Dialogform (mit der er besser auf die Argumente seiner Gegner eingehen konnte) und erstmals in der Volkssprache (anstelle des damals üblichen Lateins) abgefassten Werke gewann Galilei Freunde und Gönner für die neue, von scholastischen Traditionen weitgehend gelöste Naturwissenschaft, wenn auch in verschiedenen Darstellungen die Rolle des Experiments für Galilei stark überbetont wird. Galilei war weder der Schöpfer der experimentellen Methode, noch hatte diese im Rahmen seiner neuen Erkenntnistheorie neben dem Gedankenexperiment und der Geometrie einen wesentlichen Platz. Galilei war auch kein eigentlicher Astronom, aber ein vorzüglicher Beobachter von rascher Auffassungsgabe und hohem Abstraktionsvermögen; seine Beobachtungen und Erkenntnisse bildeten Anregungen und Grundlage für die naturwissenschaftliche Entwicklung bis zu I. Newton.

Galilei verfasste seine Werke in der Volkssprache

Galilei war ein vorzüglicher Beobachter

Galileis Auseinandersetzung mit der Kirche wurde mehrfach zum Thema der Literatur. Im Folgenden seien einige Titel genannt:

Literarische Werke über Galileo Galilei

- → Z. Harsányi, *Und sie bewegt sich doch* (1937), Roman.
- → M. Brod, *Galilei in Gefangenschaft* (1948), Roman.
- → G. von Le Fort, *Am Tor des Himmels* (1954), Novelle.
- → A. Koestler, *Die Nachtwandler* (1959), Roman.
- → F. Zwillinger, *Galileo Galilei* (1962), Drama.

Brecht zum epischen bzw. experimentellen Theater

Die Bühne ‚erzählt'

„Die Bühne begann zu erzählen. Nicht mehr fehlte mit der vierten Wand zugleich der Erzähler. Nicht nur der Hintergrund nahm Stellung zu den Vorgängen auf der Bühne, indem er auf großen Tafeln gleichzeitig andere Vorgänge an andern Orten in die Erinnerung rief, Aussprüche von Personen durch projizierte Dokumente belegte oder widerlegte, zu abstrakten Gesprächen sinnlich faßbare, konkrete Zahlen und Sätze zur Verfügung stellte – auch die Schauspieler vollzogen die Verwandlung nicht vollständig, sondern hielten Abstand zu der von ihnen dargestellten Figur, ja forderten deutlich zur Kritik auf.

Entfremdungsprozess

Von keiner Seite wurde es dem Zuschauer weiterhin ermöglicht, durch einfache Einfühlung in dramatische Personen sich kritiklos (und praktisch folgenlos) Erlebnissen hinzugeben. Die Darstellung setzte die Stoffe und Vorgänge einem Entfremdungsprozess aus. Es war die Entfremdung, welche nötig ist, damit verstanden werden kann. Bei einem ‚Selbstverständlichen' wird auf das Verstehen einfach verzichtet.

Das ‚Natürliche' mußte das Moment des Auffälligen bekommen. Nur so konnten die Gesetze von Ursache und Wirkung zutage treten. Das Handeln der Menschen mußte zugleich so sein und mußte zugleich anders sein können."[36]

Zwei Schemata

„Dramatische Form des Theaters		Epische Form des Theaters
Die Bühne ‚verkörpert' einen Vorgang	→	sie erzählt ihn
verwickelt den Zuschauer in eine Aktion und verbraucht Aktivität	→	macht ihn zum Betrachter, aber weckt seine Aktivität
ermöglicht ihm Gefühle	→	erzwingt von ihm Entscheidungen
vermittelt ihm Erlebnisse	→	vermittelt ihm Kenntnisse
der Zuschauer wird in eine Handlung hineinversetzt	→	er wird ihr gegenübergesetzt
es wird mit Suggestion gearbeitet	→	es wird mit Argumenten gearbeitet
die Empfindungen werden konserviert	→	bis zu Erkenntnissen getrieben
der Mensch wird als bekannt vorausgesetzt	→	der Mensch ist Gegenstand der Untersuchung
der unveränderliche Mensch	→	der veränderliche und verändernde Mensch
Spannung auf den Ausgang	→	Spannung auf den Gang
eine Szene für die andere	→	jede Szene für sich
die Geschehnisse verlaufen linear	→	in Kurven
natura non facit saltus	→	facit saltus
die Welt, wie sie ist	→	die Welt, wie sie wird
was der Mensch soll	→	was der Mensch muß
seine Triebe	→	seine Beweggründe
das Denken bestimmt das Sein	→	das gesellschaftliche Sein bestimmt das Denken"[37]

---

36 Brecht: *Der Zuschauer des dramatischen und epischen Theaters*, etwa 1936; zit. nach: B. Brecht: Gesammelte Werke, Bd. 15, S. 264 f.
37 ebd., Bd. 17, S. 1009 f.

‚Vergnügungstheater'

„Der Zuschauer des dramatischen Theaters sagt: Ja, das habe ich auch schon gefühlt. – So bin ich. – Das ist nur natürlich. – Das wird immer so sein. – Das Leid des Menschen erschüttert mich, weil es keinen Ausweg für ihn gibt. – Das ist große Kunst: da ist alles selbstverständlich. – Ich weine über den Lachenden.

‚Lehrtheater'

Der Zuschauer des epischen Theaters sagt: Das hätte ich nicht gedacht. – So darf man es nicht machen. Das ist höchst auffällig, fast nicht zu glauben. – Das muß aufhören. – Das Leid dieses Menschen erschüttert mich, weil es doch einen Ausweg für ihn gäbe. – Das ist große Kunst: da ist nichts selbstverständlich. – Ich lache über den Weinenden, ich weine über den Lachenden." [38]

„Die Menschen gehen ins Theater, um mitgerissen, gebannt, beeindruckt, erhoben, entsetzt, ergriffen, gespannt, befreit, zerstreut, gelöst, in Schwung gebracht, aus ihrer eigenen Zeit entführt, mit Illusionen versehen zu werden. All dies ist so selbstverständlich, daß die Kunst geradezu damit definiert wird, daß sie befreit, mitreißt, erhebt und so weiter. Sie ist gar keine Kunst, wenn sie das nicht tut.

Die Frage lautet also: Ist Kunstgenuß überhaupt möglich ohne Einfühlung oder jedenfalls auf einer andern Basis als der Einfühlung?

[…] Was konnte an die Stelle von Furcht und Mitleid gesetzt werden, des klassischen Zwiegespanns zur Herbeiführung der aristotelischen Katharsis? […] Welche Haltung sollte der Zuschauer einnehmen in den neuen Theatern, wenn ihm die traumbefangene, passive, in das Schicksal ergebene Haltung verwehrt wurde? Er sollte nicht mehr aus seiner Welt in die Welt der Kunst entführt, nicht mehr gekidnappt werden; im Gegenteil sollte er in seine

Haltung des Zuschauers im ‚neuen' Theater

38 Brecht: *Aus Vergnügungstheater oder Lehrtheater?*, ebd., Bd. 15, S. 265 f.

reale Welt eingeführt werden, mit wachen Sinnen. War es möglich, etwa anstelle der Furcht vor dem Schicksal die Wissensbegierde zu setzen, anstelle des Mitleids die Hilfsbereitschaft?

[...] Ich kann die neue Technik des Dramenbaus, des Bühnenbaus und der Schauspielweise, mit der wir Versuche anstellten, hier nicht beschreiben. Das Prinzip besteht darin, anstelle der Einfühlung die Verfremdung herbeizuführen.

Verfremdung statt Einfühlung

Was ist Verfremdung?

Einen Vorgang oder einen Charakter verfremden heißt zunächst einfach, dem Vorgang oder dem Charakter das Selbstverständliche, Bekannte, Einleuchtende zu nehmen und über ihn Staunen und Neugierde zu erzeugen. [...] Die Haltung [einer Figur] wird verfremdet, das heißt, sie wird als eigentümlich, auffallend, bemerkenswert dargestellt, als gesellschaftliches Phänomen, das nicht selbstverständlich ist. [...] Verfremden heißt also Historisieren, heißt Vorgänge und Personen als historisch, also als vergänglich darstellen. Dasselbe kann natürlich auch mit Zeitgenossen geschehen, auch ihre Haltungen können als zeitgebunden, historisch, vergänglich dargestellt werden.

Verfremden heißt Historisieren

Was ist damit gewonnen? Damit ist gewonnen, daß der Zuschauer die Menschen auf der Bühne nicht mehr als ganz unabänderbare, unbeeinflußbare, ihrem Schicksal hilflos ausgelieferte dargestellt sieht. Er sieht: es ist so und so, weil die Verhältnisse so und so sind. Und die Verhältnisse sind so und so, weil der Mensch so und so ist. Er ist aber nicht nur so vorstellbar, wie er ist, sondern auch anders, so wie er sein könnte, und auch die Verhältnisse sind anders vorstellbar, als sie sind. Damit ist gewonnen, daß der Zuschauer im Theater eine neue Haltung bekommt. Er bekommt den Abbildern der Menschenwelt auf der Bühne gegenüber jetzt dieselbe Haltung, die er als Mensch dieses Jahrhunderts der Natur gegenüber hat. Er wird auch im Theater empfangen als der große

Neue Haltung des Zuschauers

Änderer, der in die Naturprozesse und die gesellschaftlichen Prozesse einzugreifen vermag, der die Welt nicht mehr nur hinnimmt, sondern sie meistert. […] Das Theater legt ihm nunmehr die Welt vor zum Zugriff." [39]

---

39 Brecht: *Was ist Verfremdung?* 1939/40, ebd., Bd. 15, S. 300 f.

6. PRÜFUNGSAUFGABEN MIT MUSTERLÖSUNGEN

Unter www.königserläuterungen.de/download finden Sie im Internet zwei weitere Aufgaben mit Musterlösungen.

Die Zahl der Sternchen bezeichnet das Anforderungsniveau der jeweiligen Aufgabe.

Aufgabe 1 *

Verfertigen Sie eine Inhaltsangabe der ersten Szene und zeigen Sie, dass diese Szene die Funktion der Exposition übernimmt.

Mögliche Lösung in knapper Fassung:

INHALTSANGABE

Galilei, Lehrer der Mathematik an der zur Republik Venedig gehörenden Universität in Padua, erklärt dem Knaben Andrea, Sohn seiner Haushälterin Sarti, auf äußerst anschauliche Weise das kopernikanische Weltsystem. Frau Sarti schilt über diesen vermeintlichen Unsinn. Als ein junger, reicher Adliger, Ludovico Marsili, dessen Familie Güter in der Campagna besitzt, bei Galilei Privatunterricht nehmen will, um sich – wie es seine Mutter wünscht – in den „Wissenschaften umzusehen" (S. 14), ist Galilei zur Erteilung des Unterrichts bereit, da ihn Frau Sarti ermahnt und die Geldnot Galilei dazu zwingt, dass der „große Physiker anstelle begabter, aber armer Schüler [wie Andrea] dumme wohlhabende unterrichtet"[40]. Der Kurator der Universität bringt Galilei die Nachricht, dass die von Galilei beantragte Gehaltserhöhung nicht bewilligt wird, weil die Mathematik keine nützliche Wissenschaft sei. Daraufhin bietet Galilei dem Schatzmeister der Universität einen wissenschaftlichen Traktat an. Dieser belehrt ihn jedoch, dass die Behörden der Republik Geld nur für kommerzielle Erfindungen auswerfen. Zugleich verweist er nochmals darauf, dass Venedig die Republik ist, „in der die Inquisition nichts zu sagen hat" (S. 17).

Galilei braucht jedoch Muße, um Beweise für das noch unbewiesene Weltmodell der neuen Astronomen beischaffen zu können. In dieser Situation fällt ihm ein, was ihm ganz beiläufig der aus Holland kommende Ludovico erzählt hat. Dort wurde gerade das Fernrohr konstruiert. Galilei vertröstet den Kurator damit, dass er der Republik vielleicht demnächst etwas „Hübsches" (S. 19) und Nützliches, vergleichbar dem Proportionalzirkel, übergeben werde, was dann der „Skudi wert ist", weil es „Skudi bringt" (S. 18).

Nachdem der Kurator gegangen ist, schickt Galilei Andrea mit einer Skizze zum Linsenschleifer, um das Fernrohr nachzubauen.

ERLÄUTERUNG DER EXPOSITION

Funktion der Exposition: Die Szene stellt Galileo Galilei als Wissenschaftler und Lehrer vor. Sie zeigt zugleich aber auch, dass Galilei in die Zwänge der Gesellschaft eingebunden ist. So braucht er Muße, um sich seinen wissenschaftlichen Studien hingeben zu können.

Er übt vor allem eine neue Art des Sehens ein. Man soll nicht glotzen, sondern sehen, d. h. Galilei durchbricht Seh- und Denkkonventionen. Der Gesellschaft geht es nicht um Wahrheit, sondern allenfalls um den Nutzen der Wissenschaft. Nur dafür ist sie bereit zu zahlen.

40 zit. nach: *Brechts ‚Leben des Galilei'*, hrsg. v. Werner Hecht, suhrkamp taschenbuch materialien, S. 72

In einer kurzen Dialogpartie, während derer sich Galilei den Oberkörper wäscht, „prustend und fröhlich" (S. 7), werden noch weitere wichtige Grundkonstellationen des Dramas durchgespielt. Auf der einen Seite steht die Milch, auf der anderen Seite das Buch. Andrea, so fordert ihn Galilei auf, soll einerseits die Milch auf den Tisch stellen, aber trotzdem nicht das Buch zuklappen, beides soll zugleich geleistet werden. Galilei will und muss sich ernähren. Er bedarf – auch als Wissenschaftler – dieser ‚materiellen' Basis, denn er ist nicht reines ‚Geist'-Wesen, sondern als Wissenschaftler ein Mensch, der seinen leiblichen Bedürfnissen genauso nachkommen muss und will wie seinen geistigen. Und so wie er lustvoll und ‚gierig' isst, ist er auch von einer letztlich nicht stillbaren Neu-‚Gier' getrieben.

Aufgabe 2 *

Interpretieren Sie die Szene 8 im Zusammenhang des Stückes. Welche Bedeutung kommt dem kleinen Mönch zu?

Mögliche Lösung in knapper Fassung:

INTERPRETATION

Im Palast des Florentinischen Gesandten in Rom führt Galilei mit einem aus ärmlichen Verhältnissen stammenden Mönch ein Gespräch. Nach dem Dekret, durch das Galilei gezwungen wird, die Lehre des Kopernikus aufzugeben, hat er versucht, in die „Weisheit des Dekrets" (S. 74) einzudringen und glaubt nun erkannt zu haben, welche Gefahren ein allzu hemmungsloses Forschen in sich birgt. Der kleine Mönch „eines armen Bauern Kind" (S. 74) – hat darum der Astronomie entsagt, aber es ist ihm noch ein Anliegen, Galilei die Beweggründe zu unterbreiten, „die auch einen Astronomen dazu bringen können, von einem weiteren Ausbau der gewissen Lehre abzusehen." (S. 75) Er sieht die Gefahr, „die ein allzu hemmungsloses Forschen für die Menschheit in sich birgt." (S. 74) Darum hat er beschlossen, der Astronomie zu entsagen. Er weiß um die Gefahr, dass die neuen Erkenntnisse die Bauern in der Campagna, die bislang ihr furchtbares Leben und die Ausbeutung, der sie ausgesetzt sind, als gottgegeben akzeptiert haben. Sie könnten die Gewissheit verlieren, dass das Auge Gottes auf ihnen ruhe, und könnten zu der Erkenntnis kommen, sie müssten nun nach sich selber sehen. „Niemand hat uns eine Rolle zugedacht außer dieser irdischen, jämmerlichen auf einem winzigen Gestirn, das ganz unselbständig ist, um das sich nichts dreht?" (S. 76)

So liest er aus dem Dekret der Heiligen Kongregation ein „edles mütterliches Mitleid, eine große Seelengüte" (S. 76). Galilei gibt ihm Recht, denn er hat erkannt, dass es sich nicht „um die Planeten, sondern um die Campagnabauern [handle ...] Wären Ihre Leute wohlhabend und glücklich, könnten sie die Tugenden der Wohlhabenden und des Glücks entwickeln. Jetzt stammen diese Tugenden Erschöpfter von erschöpften Äckern, und ich lehne sie ab. Herr, meine Wasserpumpen können da mehr Wunder tun als ihre lächerliche übermenschliche Plackerei. [...] Würde ich mich zum Schweigen bereit finden, wären es zweifellos recht niedrige Beweggründe; Wohlleben, keine Verfolgung etc." (S. 77)

Schließlich gesteht Galilei ein, die Bahnen fliegender Körper nicht so berechnen zu können, dass auch „die Ritte der Hexen auf Besenstielen erklärt werden" (S. 78) Er entsagt also dem Verzicht auf Vernunft und Wissenschaft, nur um die Bauern in ihrer alten Gewissheit zu belassen. Aber er glaubt nun auch zu wissen, dass der Sieg der Vernunft nur ein Sieg der Vernünftigen sein könne: „Zum Teufel, ich sehe die göttliche Geduld Ihrer Leute, aber wo ist ihr göttlicher Zorn?" (S. 78 f.) Und auf die Frage des kleinen Mönchs hin, ob er meine, dass die „Wahrheit, wenn es Wahrheit ist, sich durchsetzt, auch ohne uns?", antwortet Galilei ganz entschieden:

„Nein, nein, nein. Es setzt sich nur so viel Wahrheit durch, als wir durchsetzen; der Sieg der Vernunft kann nur der Sieg der Vernünftigen sein." (S. 78)

Was Galilei hier sagt, entspricht dann jener Erkenntnis, die er erst wieder ganz am Ende des Stücks gegenüber Andrea formuliert. Eben nicht geholfen zu haben, die Wahrheit mit seiner Person durchgesetzt zu haben, vielleicht auch unter Aufopferung seiner Person, das ist der Fehler Galileis, den er später einsieht. Im Gespräch mit dem kleinen Mönch deutet sich an, dass Galilei seine eigentlichen Verbündeten, die Armen und den besitzenden Bürger, kennt. Aber er verzichtet auf das Bündnis und er verzichtet darauf, eine neue Ethik der Wissenschaften zu begründen, wie es nötig wäre.

Schließlich gibt Galilei dem Mönch einen Packen Manuskripte mit den Gründen von Ebbe und Flut. Der Mönch, der der Wissenschaft angeblich abgeschworen hat, stürzt sich aber dennoch sofort auf die Lektüre der Papiere, und Galilei setzt sich zu ihm und erklärt ihm, was dieser nicht versteht.

Aufgabe 3 ***

Zeigen Sie an dem Stück *Leben des Galilei* Merkmale, die für das epische Theater, wie Brecht es sich vorstellte, typisch sind.

Mögliche Lösung in knapper Fassung:

AUFZÄHLUNG/ ERLÄUTERUNG

→ Einzelne Bilder; offener Anfang; offener Schluss.

→ Keine Psychologisierung der Figuren; die Figuren sollen kein Mitleid erwecken; der Zuschauer sollte jede Form der Identifikation mit den Figuren vermeiden; er soll das Handeln der Figuren aus einer kritischen Distanz wahrnehmen, besonders das des Galilei.

→ Zwischentitel, die die Aufmerksamkeit der Zuschauer nicht auf das Was der folgenden Szene lenken, sondern auf das Wie; allerdings: offene Titularien, die durch uneindeutige Formulierungen den Zuschauer zwingen, sich erst nach der Szene einen Reim auf die Formulierung machen zu können.

→ Selbstverständliches wird durchbrochen; der Mensch wird zum Gegenstand der Untersuchung; die Fragen nach der Vereinbarkeit von Wissenschaft und Gesellschaft und der Verantwortung des Wissenschaftlers stehen im Mittelpunkt.

→ Das gesellschaftliche Sein bestimmt das Bewusstsein; das ‚Stück' erzählt, hat den ‚Zeigegestus'; das Epische statt des Dramatischen macht den Zuschauer zum reflektierenden Betrachter; kein Mitgefühl mit Galilei; sondern kritische Distanz ihm gegenüber; keine Tragik; da Zustände eigentlich änderbar sind.

→ Brechts Auffassung vom Realismus: „Realismus ist nicht, wie die wirklichen Dinge sind, sondern wie die Dinge wirklich sind."; nach dieser Devise ist das epische Theater das Mittel, zu zeigen, wie die Dinge wirklich sind, denn im Naturalismus wird nur die äußere Erscheinung kopiert, während der Realismus den Gegenstand interpretiert.

Aufgabe 4 ***

Welche Bedeutung kommt dem Motiv des ‚Sehens' zu und was hat das für eine Relevanz für das von Brecht konzipierte Theater?

Mögliche Lösung in knapper Fassung:

ERLÄUTERUNG

Ein dominierendes Motiv, das leitmotivisch durchgeführt wird, ist das des Sehens. Schon in der ersten Szene ist davon bereits in mehrfacher Hinsicht die Rede. Am deutlichsten ist jene Stelle, wo Galilei zu Andrea sagt: „Du sieht gar nichts. Du glotzt nur. Glotzen ist nicht sehen." (S. 11) Und kurz darauf erklärt Galilei gegenüber seiner Haushälterin, die ihn fragt, was er „eigentlich mit [ihrem] Jungen mache" (S. 11): „Ich lehre ihn sehen" (S. 12).

Was meint damit ‚sehen'? Galilei wendet sich gegen die Annahme, man könne vom bloßen Augenschein der Dinge zu ihrem Zusammenhang und zu ihren Ursachen vorstoßen. Dem Schein zu verfallen, heißt für Galilei: stupide glotzen.

Jemanden das ‚Sehen' lehren, ihn zum ‚Sehen' anzuleiten, bedeutet auch, ihm klar zu machen, dass er sich etwas genau ansehen muss, wozu gehört, es von Seiten zu sehen, die bislang nicht in den Blick gekommen sind. ‚Sehen' meint: den automatisierten Blick zu verlieren, etwas bewusst verfremden, um ihm die unhinterfragte Selbstverständlichkeit zu nehmen. Was bislang als ‚natürlich' und unabänderbar galt, muss in seiner Veränderbarkeit und in seiner ‚Un'-Natürlichkeit in den Blick genommen werden.

SCHLUSS-
FOLGERUNG

Das Sehen wird damit zur Selbstreflexion des Theaters, denn Brechts Theater will belehren, indem es neu sehen lehrt. Schon im Gespräch Galileis mit Andrea thematisiert Brecht die Leistung seines eigenen Theaters. Wie Galilei will auch er den Zuschauer sehend machen, der Zuschauer soll sehen lernen, nicht weiter glotzen.

So verwundert es nicht, dass Brecht früher schon, bei der Aufführung seines Stückes *Trommeln in der Nacht*, an die Wände des Theaters hatte schreiben lassen: „Glotzt nicht so romantisch!"

Galilei führt handelnd vor, was er an neuem Wissen seinem Schüler mitzuteilen hat. „Er doziert nicht, wie die anderen gelehrten, sich auf Aristoteles verlassend, er führt vor und macht vorführend die neue Sicht einsichtig. Entscheidend ist dabei, dass alles Wissen in Handlung umgesetzt ist."[41]

ZUSAMMEN-
FASSUNG

Das ‚Sehen' bzw. das ‚neue Sehen' ist immer auch ein genaues Hinsehen, das sich von den Scheuklappen der Ideologie befreit hat. Es ist möglich geworden durch Instrumente oder Experimente. Es glotzen die Hofgelehrten, die den Blick durch das Fernrohr scheuen oder nicht wagen; sie sind nicht bereit, ihr Wissen auf die Probe der unverstellten Beobachtung zu stellen. Sie wollen allenfalls sehen, was ihnen als ‚sichtbar' in den Büchern beschrieben oder als Vorgabe ihrer Theorie ‚vorgesehen' ist. Gegenüber der Wirklichkeit, sobald sie ihrer Ideologie widerspricht, sind sie blind. Sie lassen ungeprüft, was geschrieben steht und durch die Autorität des Alters (Antike, Aristoteles) oder des Glaubens bzw. der Kirche abgesegnet ist. Der Mathematiker in Florenz versichert Galilei gegenüber: „Lieber Galilei, ich pflege mitunter, so altmodisch es Ihnen erscheinen mag, den Aristoteles zu lesen und kann Sie dessen versichern, daß ich da meinen Augen traue." (S. 48)

41 Knopf, Jan: *Brecht-Handbuch*, Bd. 1, S. 175.

LITERATUR

Zitierte Ausgabe:

Bertolt Brecht: *Leben des Galilei.* Frankfurt am Main: edition suhrkamp Nr. 1, 2009 (erste Auflage 1963).

Textausgaben von *Leben des Galilei*:

Leben des Galilei, in: Stücke 8, Stücke aus dem Exil. 3. Bd., Frankfurt a. M. 1957, S. 5–195.

Leben des Galilei, in: Bertolt Brecht, Versuche, Heft 14, Frankfurt a. M. 1955 und Berlin/DDR 1955, S. 5–102.

Leben des Galilei, in: Gesammelte Werke in zwanzig Bänden, Bd. 3, Frankfurt a. M. 1967, S. 1229–1345.

Leben des Galilei (Fassung 1938/39), in: Große kommentierte Berliner und Frankfurter Ausgabe, hrsg. v. Werner Hecht, Jan Knopf, Werner Mittenzwei u. Klaus-Detlef Müller, Berlin u. Weimar/Frankfurt a. M. Bd. 5, Stücke 5, bearb. v. Bärbel Schrader u. Günther Klotz, S. 7–109.

Galileo (English Adaptation 1947), ebd. S. 117–186.

Leben des Galilei (Fassung 1955/56), ebd. S. 187–289.

Leben des Galilei. Materialien und Bühnenfassung. Zusammengestellt und redigiert von Werner Hecht und Joachim Tenschert, 2 Bde., Berlin/DDR 1970.

Hecht, Werner (Hrsg.): *Brechts ‚Leben des Galilei'*, Frankfurt a. M. 1981 (suhrkamp Taschenbuch materialien, 2001).

Werke, Arbeitsjournal, Tagebücher, Briefe:

Brecht, Bertolt: *Gesammelte Werke*, hrsg. v. Suhrkamp-Verlag in Zusammenarbeit mit Elisabeth Hauptmann. Werkausgabe edition suhrkamp. – 20 Bände, Frankfurt a. M. 1967.

6 Supplementbände (Texte für Filme – Arbeitsjournal – Gedichte aus dem Nachlass) Frankfurt a. M. 1969 ff.

Brecht, Bertolt: *Arbeitsjournal.* 3. Bde. Hrsg. v. Werner Hecht, Frankfurt a. M. 1973.

Brecht, Bertolt: *Tagebücher 1920–1922. Autobiographische Aufzeichnungen 1920–1954*, hrsg. v. Herta Ramthun, Frankfurt a. M. 1975.

Brecht, Bertolt: *Briefe*, hrsg. u. komm. von Günther Glaeser. 2 Bde. Frankfurt a. M. 1981.

Brecht-Biografien:

Hecht, Werner (Hrsg.): *Bertolt Brecht. Leben und Werk im Bild.* Mit autobiographischen Texten, einer Zeittafel und einem Essay von Lion Feuchtwanger, Frankfurt a. M. 1986.

Kesting, Marianne: *Bertolt Brecht in Selbstzeugnissen und Bilddokumenten*, Reinbek 1959. → Gut lesbare, übersichtlich angeordnete Biografie zu Brecht.

Mittenzwei, Werner: *Das Leben des Bertolt Brecht oder der Umgang mit den Welträtseln.* 2 Bde. Berlin/Weimar 1986.

Schumacher, Ernst u. Renate: *Leben Brechts in Wort und Bild*, Berlin 1978.

Völker, Klaus: *Bertolt Brecht. Eine Biographie*, München 1978. → Kurze, gut lesbare Biografie zu Brecht.

Handbücher, Gesamtdarstellungen:

Arnold, Heinz Ludwig (Hrsg.): *Bertolt Brecht I u. II.* 2. Bde. München 1972 u. 1973.

Baumgart, Reinhard: *Selbstvergessenheit. Drei Wege zum Werk von Thomas Mann, Franz Kafka, Bertolt Brecht,* München 1989.

Benjamin, Walter: *Versuche über Brecht,* Frankfurt a. M. 1971.

Knopf, Jan: *Brecht-Handbuch. Theater. Eine Ästhetik der Widersprüche,* Stuttgart 1980. → Wichtiges Nachschlagewerk zu Brecht, nicht immer ganz einfach zu lesen.

Knopf, Jan: *Brecht-Handbuch. Lyrik, Prosa, Schriften. Eine Ästhetik der Widersprüche,* Stuttgart 1984.

Mayer, Hans: *Brecht in der Geschichte,* Frankfurt a. M. 1971.

Müller, Klaus-Detlef (Hrsg.): *Bertolt Brecht. Epoche – Werk – Wirkung,* München 1985. → Guter Überblick über Brechts Gesamtwerk, darin auch kurze Interpretation zu *Galilei.*

Zu den Dramen Brechts und der Theorie des epischen Theaters:

Hecht, Werner: *Brechts Weg zum epischen Theater. Beitrag zur Entwicklung des epischen Theaters 1918 bis 1933,* Berlin 1962.

Hinck, Walter: *Die Dramaturgie des späten Brecht,* Göttingen 1959. → Sehr gut lesbare Abhandlung über Brechts episches Theater.

Hinderer, Walter (Hrsg.): *Brechts Dramen. Neue Interpretationen,* Stuttgart 1984. → Sammelband mit Interpretationen zu den wichtigsten Dramen Brechts, darunter auch zu *Galilei.*

Jendreiek, Helmut: *Bertolt Brecht. Drama der Veränderung,* Düsseldorf 1969. → Wichtige, nicht immer leicht verständliche Arbeit zu Brechts Dramen, ausführliches Kapitel zu *Galilei.*

Karasek, Hellmuth: *Bertolt Brecht. Der jüngste Fall eines Theaterklassikers,* München 1978.

Klotz, Volker: *Dramaturgie des Publikums,* München 1976.
Rischbieter, Henning: *Bertolt Brecht,* 2 Bde., Velber 1970.
Schumacher, Ernst: *Die dramatischen Versuche Bertolt Brechts 1918–1933,* Berlin 1955.

Interpretationen zu *Leben des Galilei*:

Beyersdorf, Peter/Thunich, Martin: *Bertolt Brecht ‚Leben des Galilei',* Hollfeld 1992.
Buck, Theo: *Dialektisches Drama, dialektisches Theater. Anmerkungen zu Brechts Leben des Galilei,* in: Etudes Germaniques 33 (1978), S. 414–427 (auch in: ders. (Hrsg.): Zu Bertolt Brecht. Parabel und episches Theater, Stuttgart 1979, S. 127–139).
Dieckmann, Friedrich: *Galilei-Komplikationen,* in: Weimarer Beiträge 34 (1988), Heft 2, S. 213–229.
Eversberg, Gerd: *Erläuterungen zu Bertolt Brecht, Leben des Galilei,* Hollfeld 1984.
Grimm, Roderich: *Verfremdung in Bertolt Brechts Leben des Galilei,* Franfurt a. M./Bern/New York 1987.
Hafen, Hans: *Bertolt Brecht ‚Leben des Galilei',* in: Der Deutschunterricht 13 (1961), Heft 4, S. 71–92.
Hahnengreß, Karl-Heinz: *Lektürehilfen Bert Brecht, Leben des Galilei,* Stuttgart 1988.
Hallet, Wolfgang: *Bertolt Brecht, Leben des Galilei,* Oldenbourg-Interpretationen, München 1991. → Für Schüler besonders gut geeignete, ausführliche Interpretation zu *Galilei.*
Hallet, Wolfgang: *Der kleine Mönch und der große Galilei. Einfühlung und Verfremdung in Brechts Leben des Galilei und im Literaturunterricht,* in: Diskussion Deutsch 25 (1994), S. 305–312.

Jendreiek, Helmut: *Bertolt Brecht. Drama der Veränderung,* Düsseldorf 1969.

Knopf, Jan: *Bertolt Brecht und die Naturwissenschaften,* in: Brecht-Jahrbuch 1978, Frankfurt a. M. 1978, S. 13–48.

Knopf, Jan: *Bertolt Brecht: Leben des Galilei. Sichtbarmachen des Unsichtbaren,* in: Interpretationen: Dramen des 20. Jahrhunderts, Bd. 2, Stuttgart 1996, S. 7–26. → In einem Sammelband zum Drama des 20. Jahrhunderts leicht zugängliche Interpretation des *Galilei.*

Knust, Herbert: *Bertolt Brecht: Leben des Galilei. Grundlagen und Gedanken zum Verständnis des Dramas,* Frankfurt a. M. 1982.

Knust, Herbert: *Brechts Galileo-Evangelium,* in: Euphorion 79 (1985), Heft 2, S. 207–225.

Lucke, Hans: *Schulpraktischer Kommentar zu Brechts ‚Leben des Galilei',* In: Der Deutschunterricht 20 (1968) Heft 3, S. 67–84.

Maßberg, Uwe: *Der gespaltene Mensch. Vergleichende Interpretationen der Physiker-Dramen von Brecht, Dürrenmatt und Kipphardt auf der Oberstufe,* in: Der Deutschunterricht 17 (1965) Heft 6, S. 56–74.

Mayer, Hans: *Galilei und Brecht und die Folgen,* in: ders.: Brecht, Frankfurt a. M. 1996, S. 378–397.

Müller, Klaus-Detlef: *Bertolt Brechts ‚Leben des Galilei',* In: Geschichte als Schauspiel. Deutsche Geschichtsdramen. Interpretationen, hrsg. v. Walter Hinck, Frankfurt a. M. 1981, S. 240–253. → Gut lesbare Interpretation zu *Galilei.*

Nägele, Rainer: *Zur Struktur von Brechts ‚Leben des Galilei',* in: Der Deutschunterricht 23 (1971), Heft 1, S. 86–99. → In vielen Schulbibliotheken leicht erreichbarer Aufsatz zu *Galilei.*

Neis, Edgar: *Bertolt Brecht, Leben des Galilei. Die Tragödie der Wahrheitssuche,* Hollfeld 1988.

Rohrmoser, Günter: *Brecht – Das Leben des Galilei,* in: Das deutsche Drama vom Barock bis zur Gegenwart, Interpretationen, hrsg. v. Benno v. Wiese, Bd. 2, Düsseldorf 1958, S. 401–414. → In vielen Bibliotheken vorhandener Band von Drameninterpretationen, darunter zu *Galilei*.

Rülicke, Käthe: *Leben des Galilei. Bemerkungen zur Schlussszene,* in: Sinn und Form 9 (1957), 2. Sonderheft Bertolt Brecht, S. 269–321.

Sautermeister, Gerd: *Zweifelskunst, abgebrochene Dialektik, blinde Stellen: Leben des Galilei* (3. Fassung, 1955), in: Brechts Dramen – Neue Interpretationen, hrsg. v. Walter Hinderer, Stuttgart 1984, S. 125–161. → Wichtige Interpretation zu Galilei, jedoch nicht einfach zu verstehen.

Schumacher, Ernst: *Drama und Geschichte. Bertolt Brechts ‚Leben des Galilei' und andere Stücke,* Berlin/DDR 1965.

Szczesny, Gerhard: *Brecht, Leben des Galilei. Dichtung und Wirklichkeit,* Frankfurt a. M./Berlin/Wien 1966.

Weimar, Karl S.: *The Scientist and Society. A Study of Three Modern Plays,* in: Modern Language Quarterly 27 (1966), S. 431–448.

Zimmermann, Werner: *Brechts Leben des Galilei. Interpretation und didaktische Analyse,* in: Beihefte zum Wirkenden Wort 12 (1965).

Zimmermann, Werner: *Bertolt Brecht, Leben des Galilei. Dramatik der Widersprüche,* Paderborn 1985. → Interpretation des Galilei, die Brechts Theaterform mitreflektiert.

Verfilmung:

Leben des Galilei. BRD (Verfilmung für das Fernsehen/ARD) 1962. Regie und Drehbuch: Egon Monk.

STICHWORTVERZEICHNIS

DIGITALES ZUSATZMATERIAL

Literarisch vernetzt! Über 600 Materialien online.

Neuerscheinungen, Aktionen, kostenlose Angebote und Infos rund um Literatur.

Melden Sie sich gleich an – es lohnt sich!*

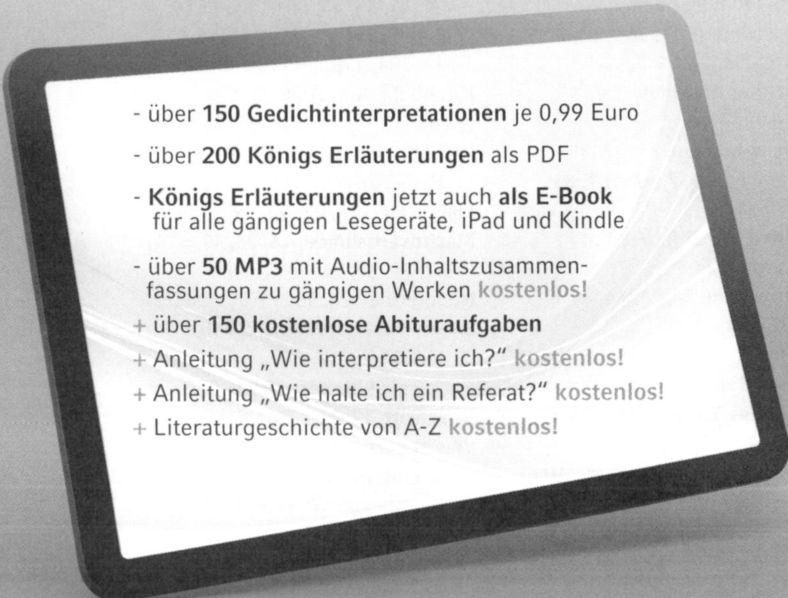

Seien Sie immer aktuell informiert mit unserem **Newsletter** oder über unsere **Social-media-Plattformen.**

Königs Erläuterungen | www.bange-verlag.de

* Sie erhalten max. 1 Newsletter monatlich!

www.königserläuterungen.de **www.bange-verlag.de**